exercices

L'ESPAGNOL

de A à Z

CLAUDE MARIANI
Professeur agrégé
Lycée Pothier, Orléans

DANIEL VASSIVIÈRE
Professeur certifié
Université d'Orléans

HATIER

AVANT-PROPOS

Complément indispensable de *L'espagnol de A à Z*, les *Exercices A à Z* s'adressent aux élèves, aux étudiants et à tous ceux qui souhaitent évaluer leurs connaissances et améliorer leur compétence linguistique.
Ils comportent :
- un test d'orientation et son corrigé,
- 238 exercices regroupés en 61 unités grammaticales,
- 7 évaluations,
- le corrigé de tous les exercices.

Le test se présente sous forme d'un QCM de 100 questions. Il permet d'identifier certaines lacunes et guide l'utilisateur dans son travail ultérieur :
- grâce aux renvois à *L'espagnol de A à Z*, pour les explications grammaticales,
- grâce aux renvois à l'unité concernée des *Exercices A à Z*, pour l'entraînement.

Les exercices, organisés de manière progressive, portent chacun sur un point de grammaire particulier. Pour chaque exercice sont indiquées la ou les section(s) de *L'espagnol de A à Z* auxquelles il renvoie.
Ils permettent des révisions et/ou un apprentissage systématique ou ponctuel.
Ils sont centrés, aussi souvent que possible, sur des domaines de la vie courante et ils abordent des questions d'actualité.
Ils sont accompagnés de **boîtes d'aide lexicale** pour faciliter l'acquisition progressive d'un vocabulaire actuel.

Les évaluations, signalées par des bandeaux, ponctuent régulièrement les *Exercices A à Z* et ont pour rôle de confirmer la bonne compréhension des unités concernées.

© HATIER - Paris - 1994 - ISSN : 1140 0048 - ISBN : 2-218-**71803**-0

S O M M A I R E

À à Z

Que savez-vous ?

(..) signifie qu'il peut manquer une partie d'un mot, proposée entre parenthèses dans les réponses.
Ø signifie que vous choisissez de ne rien ajouter à la forme proposée.

Entourez la bonne réponse.

1. ¿ … de los dos … gusta … ?
A cuál/te/más **B** cual/té/mas **C** cuál/té/más

2. Con el esfuerzo, … sudor le corría por … frente.
A la/el **B** la/la **C** el/la

3. … calor me impide terminar … labor.
A el/esta **B** la/este **C** el/este

4. … Cinca es afluente … Segre.
A la/del **B** el/del **C** la/de la

5. Los análisis(..) de coyuntura salen cada dos mes(..)
A Ø/(es) **B** Ø/Ø **C** (es) /Ø

6. Me recibió una funcionaria cortés(..) y acogedor(..)
A Ø/Ø **B** Ø/(a) **C** (a)/Ø

7. Dio un golpe(..) en la ventan(..)
A (cito)/(ita) **B** (ito)/(cita) **C** (cito)/(ecita)

8. Con éste, es el tercer(..) verano seco. ¡Mal(..) año !
A Ø/Ø **B** Ø/(o) **C** Ø/(o)

9. El … capítulo del libro …
A primero/primero **B** primer/primer **C** primer/primero

10. La recesión no es … grave … se decía.
A tan/que **B** tan/como **C** tan/de lo que

11. El Mulhacén es la cumbre … alta de la península.
A la más **B** más **C** lo más

12. Este diccionario es menos completo … se decía.
A que **B** de lo que **C** de que

13. Es un producto perfecto … y técnicamente.
A ergonómicamente **B** ergonómico **C** ergonómica

14. El temporal afecta … área …
A al/mediterráneo **B** a la/mediterránea **C** al/mediterránea

15. … cortés no quita … valiente.
A lo/lo **B** el/el **C** el/lo

16. … señor Ramírez insistió en … ventajoso de la fórmula.
A el/lo **B** Ø/lo **C** el/el

17. No podríamos resolver … enigma.
A un tal **B** tal **C** una tal

18. Esta maleta no es … . … es negra.
A mía/ la mía **B** la mía/ mía **C** mía/ mía

19. ¿Te acuerdas de … partido al que asistimos … año?
A este/este **B** ese/este **C** ese/aquel

20. Seguro que … vez lo vas a conseguir.
A esta **B** esa **C** aquella

21. Su amiga ocupará el asiento … .
A ciento /cuarenta/y siete **B** cien/ cuarenta /y siete
C ciento/cuarenta/siete

22. El volumen tiene dos … … páginas.
A miles/cuatrocientas **B** mil/cuatrocientos
C mil/cuatrocientas

23. … … ocho y …
A es/Ø/media **B** son/las/medio **C** son/las/media

24. El … … febrero … 1994 ardió el Teatro del Liceo de Barcelona.

A un/Ø/Ø **B** uno/de/de **C** uno/Ø/de

25. Estamos … 15 de marzo.

A a **B** al **C** el

26. … subía la comida y … dejaba en la mesa.

A lo/le **B** la/le **C** le/la

27. … siento mucho, pero es imposible.

A lo **B** les **C** le

28. Me pidieron que yo lo hiciera, pero no soy apto para …

A él **B** ello **C** el

29. Este mueble nos gusta, vénda(..)

A (noslo) **B** (nos lo) **C** (oslo)

30. Dale las gracias al devolvér(..)

A (selo) **B** (lelo) **C** (sele)

31. ¿Quién se acuerda de … ?

A tú **B** te **C** ti

32. Según … ¿no merece la pena?

A ti **B** tú **C** tu

33. … ha acabado el aceite.

A me **B** se lo **C** se me

34. Señor, … sentado por favor.

A quédese **B** quédase **C** quédele

35. Chicos, … y … pasar.

A apartados/déjenme **B** apartaos/dejadme

C apártense/déjenme

36. Si Vds. … sinceros, yo … soy también.

A sois/lo **B** son/los **C** son/lo

37. Se … coches y camiones.

A alquila **B** alquilan **C** alquilen

38. Se … a los congresistas que llegan a la estación.
A acogen **B** acoja **C** acoge

39. Llama … Fernando … anunciarle mi llegada.
A a/para **B** Ø/para **C** por/para

40. Sólo puedes ir … aquella puerta, después se prohíbe el paso.
A hacia **B** hasta **C** a

41. El paraguas está … la puerta.
A detrás **B** atrás **C** tras

42. Hoy, me … cuenta de que te … a otro asunto.
A digo/referís **B** doy/refieras **C** doy/refieres

43. No sé por qué os enfadáis. … como si no hubiera pasado nada.
A pórtense **B** portaos **C** portados

44. Señor, … lo más pronto posible.
A telefonee **B** telefonea **C** telefonéis

45. José, te lo ruego, … la radio a todo volumen.
A no ponga **B** no pones **C** no pongas

46. Antes, se … cada vez que le … la palabra.
A ruboriza/dirigen **B** ruborizó/dirigieron
C ruborizaba/dirigían

47. Aquel actor … el papel durante un año.
A interpretó **B** interpreto **C** interpreté

48. Yo … temprano pero no por eso … encontrar sitio.
A llegó/pude **B** llegué/pude **C** llego/pudo

49. Pero si siempre te … lo que ahora pretendes demostrarme.
A dije **B** he dicho **C** dijimos

50. Lo … cuando salga el periódico.
A sabrás **B** sabrías **C** sepas

51. Pedro te lo … si se lo pidieras.
A explica **B** explicará **C** explicaría

52. Él … antes de que se cumpliera el plazo.
A ha terminado B habrá terminado C había terminado

53. Cuando … el periódico, lo desplegó.
A había cogido B ha cogido C hubo cogido

54. No sé, pero él … una decisión.
A habrá tomado B ha tomado C hubo tomado

55. De saber que les interesaba, yo … mi historia.
A habré contado B habría contado C hube contado

56. Te llamaré para que te … temprano.
A levantas B levantaras C levantes

57. Quiero que tú … y le … .
A vas/ayudas B vayas/ayudas C vayas/ayudes

58. Si no … todos a la vez, se oiría la música.
A hablaban B hablasen C hablarían

59. Le pidió al taxista que … un momento.
A pare B para C parara

60. ¿Por qué te parece extraño que lo … ?
A ha dicho B haya dicho C había dicho

61. … que le reservaran un coche en el aeropuerto.
A ha preferido B habrá preferido C hubiera preferido

62. … los libros, recordó que no se los habían … .
A buscado/devueltos B buscando/devuelto
C buscado/devuelto

63. Lo que quería … viajar a México.
A estaba B es C era

64. Ya… en invierno cuando noté que … tarde para emprender reformas.
A éramos/estaba B éramos/era C estábamos/era

65. Los periodistas … al Ministro.
A estuvieron presentados B fueron presentados
C fueron presentado

66. … en Bilbao … encontró el manuscrito.
A estuvo/que B fue/que C fue/donde

67. ¡ … lancha … rápida!
A qué/Ø B qué/tanta C qué/tan

68. … renuncie a lo que proyecta.
A tal vez B a lo mejor C creo que

69. Te pido … a decir eso.
A que no vuelvas B no volver C que no vuelves

70. Se … nervioso cuando … empezar el examen.
A volvió/estuvo por B hizo/estuvo para
C puso/estuvo a punto de

71. Me … esas galletas.
A apetezco B apetece C apetecen

72. Lo … previsto desde hace años.
A tengo B resulto C vengo

73. Quiero que me … lo que ha pasado.
A dices B digas C dijeras

74. Dijo que no … lo que …
A sé/haré B sabía/haría C sabe/hiciera

75. Mi moto gasta … gasolina … la de Pedro.
A menos de/que B menos/que C tan/como

76. Este tren experimental es … confortable … me habían dicho.
A más/de lo que B más/que C tan/que

77. … pruebas se hagan, … fiable será el coche.
A cuanto más/más B cuantas más/más C más/más

78. Era … sorprendente … teníamos otros proyectos.
A tanto/cuanto B tanto más/cuanto
C tanto más/cuanto que

79. Te aseguro que no … acompañarte.
A pueda B puedo C puedes

80. Me temo que … tarde.
A llegue **B** llegará **C** llega

81. Me extrañó que ellos no … la propuesta.
A aceptaban **B** acepten **C** aceptasen

82. Es un escándalo … repercusiones fueron tremendas.
A del cual **B** de cuyas **C** cuyas

83. Salió con Marta … solía acompañar los domingos.
A que **B** a quien **C** quien

84. Cuando Vd. … mejor, podrá dar un paseo por la tarde.
A estará **B** está **C** esté

85. … empiecen las vacaciones, me reuniré con vosotros.
A en cuanto **B** mientras que **C** cuanto

86. … sigan vendiendo armas, aumentará la violencia.
A mientras que **B** mientras **C** luego que

87. Aunque … todo lo que desea, no estaría satisfecho.
A tenga **B** tenía **C** tuviera

88. Aunque … unos muebles preciosos, quiere cambiarlos y comprar otros.
A tuviera **B** tiene **C** tenga

89. Si bien … obtener un billete, no viajaron juntos.
A logró **B** lograra **C** lograse

90. … consciente que sea de las dificultades, no las asumirá.
A por mucho **B** por muy **C** por más

91. … tentativas que hizo, no logró convencerme.
A por mucho **B** por muy **C** por muchas

92. Si … conocer la ciudad, ven conmigo.
A quieras **B** quisieras **C** quieres

93. Si Vd. … las rebajas, podría comprar este traje.
A aproveche **B** aprovechara **C** aprovecharía

94. Entonces gastaba como si le … el premio gordo.
A había tocado **B** haya tocado **C** hubiese tocado

95. … una tarde libre, no te pierdas aquel espectáculo.
A si tenías B como tengas C si tuvieras

96. … no decidirte ahora, no quedará ni una entrada para el espectáculo.
A de B para C hasta

97. La firma invirtió en publicidad para que … sus ventas.
A progresan B progresaran C progresen

98. Te lo digo … te enteres cuanto antes.
A porqué B por qué C para que

99. Dimitió … no lograba dominar la situación.
A porque B para qué C por qué

100. Vende … discos … parece condenado al éxito.
A tan/que B tantos/que C tantos/como

Réponses

Solution	Entraînement*	AZ**
1. A	1	12
2. C	2	168,169
3. A	2	168,169
4. B	2	168,169
5. A	2	170
6. B	2	168,169
7. A	3	91
8. A	5	31
9. C	5	31
10. B	6	59
11. B	6	59
12. B	6	59
13. C	7	16, 17
14. C	8	34
15. A	8	151
16. A	8	34,151

* Ces numéros renvoient aux différentes unités des *Exercices A à Z.*
** Ces numéros renvoient aux fiches de *Pratique de l'espagnol de A à Z.*

17. B	9	38
18. A	10	202, 203
19. C	11	83 à 86
20. A	11	83 à 86
21. A	12	171
22. C	12	171
23. C	13	79
24. B	13	79
25. A	13	79
26. C	15	210, 212
27. A	16	210
28. B	18	208, 216
29. A	17	213, 214
30. A	17	213, 214
31. C	18	208, 216
32. B	18	216
33. C	19	217
34. A	20	215
35. B	20	215
36. C	20	215
37. B	21	181
38. C	21	181
39. A	24, 26	1,185
40. B	23	134
41. C	23	267
42. C	28	206, 277
43. B	29	141,142
44. A	29	141
45. C	29	141
46. C	30	138
47. A	31	190
48. B	31	190
49. B	34	191, 263
50. A	32	123
51. C	33	68
52. C	34	263
53. C	34	263
54. A	34	263
55. B	34	263
56. C	35	207
57. C	35	207
58. B	36	139

59. C	36	139
60. B	37	263
61. C	37	263
62. B	38	128,188
63. C	39	110,111
64. C	39	110 à 114
65. B	39	115
66. C	40	54, 55
67. C	42	222
68. A	45	90, 194
69. A	46	144
70. C	47	89
71. C	49	131
72. A	50	116
73. B	51	66
74. B	52	252
75. B	53	59
76. A	53	59
77. B	53	60, 254
78. C	53	42
79. B	54	221, 253
80. A	54	253
81. C	54	253
82. C	55	229
83. B	55	229
84. C	56	254
85. A	56	159, 254
86. B	56	254
87. C	57	40
88. B	57	40
89. A	57	40
90. B	57	45
91. C	57	45
92. C	58	67
93. B	58	67
94. C	58	58
95. B	58	58
96. A	58	67
97. B	59	253
98. C	59	253
99. A	59	199
100. B	59	262

Pour progresser

1 L'accentuation

1. Soulignez la voyelle tonique. *(AZ 12)*

aparato	tráfico	escolar	cómodo
costa	actual	cordobés	azahar
animal	tijeras	amable	lunes
inútil	desorden	convoy	público
generoso	feliz	acera	residuo
publicidad	almacén	tripulación	industria
cajón	cruce	ajedrez	lingüista

2. Cherchez l'intrus : lequel des mots de chaque série n'a pas le même nombre de syllabes ? *(AZ 12)*

1. traje, laurel, anchoa, serio, agua, suerte
2. quieto, sesión, viuda, oído, baile, huelga
3. aceite, amplio, farmacia, cohete, abuela, incauto
4. acequia, patria, solfeo, sociedad, idioma, genuino
5. ovoide, edificio, equilibrio, periódico, europeo, aéreo

3. Décomposez les formes verbales en syllabes et soulignez la syllabe tonique. *(AZ 272 et p. 273)*
Ex. : aplauden → a - plau - den

comentar	cenáis	viniendo	mengüéis
recuerda	salgan	empiece	caído
llegue	corretear	traérselo	enterara
coged	andaban	apruebe	sintieron

→

hallasteis	reúnen	tuvo	sitúa
abriéramos	descubrió	dijerais	veíais
entrará	pensaste	leías	supe

4. Les accents du texte suivant ont été enlevés ; rétablissez-les. *(AZ 11, 12, 272)*

JUAN JOSÉ MILLÁS, *El desorden de tu nombre*

-¿Eres tu, Julio? -pregunto la voz de Laura.

-Si, soy yo, soy yo.

-Ayer apunte tu telefono por si tenia ocasion de llamarte y ahora me he quedado sola un momento.

-Laura, Laura -dijo Julio-, eres tu. Pense que no podria resistir hasta el lunes sin verte o sin hablar contigo por lo menos.

-Escucha -dijo ella-, tengo muy poco tiempo.(...) El lunes, si tu quieres, ire a tu casa por la tarde.

-¿A que hora?

-¿A las seis?

-A las seis. Estare aqui.

-Adios, tengo que colgar.

-Adios Laura.

2 Le nom et l'adjectif : genre et nombre

1. Indiquez le genre des noms suivants. *(AZ 168)*
M = masculin, F = féminin

1. bolígrafo	11. programa	21. colección
2. edificio	12. día	22. pared
3. mano	13. boa	23. amistad
4. rotulador	14. sistema	24. antigüedad
5. labor	15. estratagema	25. niñez
6. vapor	16. enigma	26. análisis
7. flor	17. calle	27. síntesis
8. sartén	18. buque	28. oasis
9. origen	19. diente	29. violín
10. acera	20. cartel	30. botón

2. Traduisez en espagnol. *(AZ 168)*

1. Le Chimborazo se trouve dans les Andes équatoriennes.
2. L'Oural sépare l'Europe de l'Asie.
3. Le Magdalena est un fleuve colombien.
4. Le Jarama est un affluent du Tage.
5. La Vistule prend sa source dans les Carpates et se jette dans la Baltique.
6. La rivière Oja a donné son nom à la région qu'elle arrose : La Rioja.
7. Huesca est au pied des Pyrénées aragonaises.
8. La Seine est un fleuve tranquille.
9. Un pont international enjambe la Bidassoa.
10. Du nord de Madrid on aperçoit la Sierra de Guadarrama.

Andes : Andes
équatorien : ecuatoriano
Oural : Urales (pluriel)
colombien : colombiano
un affluent : un afluente
Vistule : Vístula
prendre sa source : nacer
Carpates : Cárpatos
Baltique : Báltico
arroser : regar
Pyrénées : Pirineo (au sg. ici)
aragonais : aragonés
Seine : Sena
enjamber : franquear
Bidassoa : Bidasoa
apercevoir : divisar

3. Mettez l'article défini qui convient. (AZ 168)

1. Tiene que ejecutar ... órdenes.
2. ¡Cuidado con ... orden de las fichas!
3. Su teléfono está en ... guía.
4. ... guía habla tres idiomas.
5. Ha ingresado en ... policía.
6. ... policías del barrio están investigando el caso.
7. El paso de ... cometas siempre ha asustado a los hombres.
8. La cuerda de ... cometa se ha roto.
9. Tiene una cicatriz en ... frente.
10. ... frente frío se extiende por el norte de la península.

cuidado con : attention à	**el caso :** l'affaire
ingresar : entrer	**el paso :** le passage
investigar : enquêter	**asustar :** effrayer

4. Comment se forme le féminin de ces mots ? (AZ 169)

a. remplacement de la dernière voyelle par -a
b. ajout de -a
c. même forme au masculin et au féminin

1. alumno
2. señor
3. perro
4. león
5. guionista
6. jefe
7. arquitecto
8. testigo
9. director
10. ministro
11. embajador
12. maestro
13. guía
14. médico
15. ingeniero
16. presidente
17. lector
18. reo
19. cliente
20. marqués
21. principiante

5. Donnez le masculin des noms suivants. (AZ 169)

1. sindicalista
2. militante
3. empleada
4. monja
5. huéspeda
6. heroína
7. guarda
8. psiquiatra
9. burguesa
10. artistócrata
11. sirvienta
12. emperatriz
13. reina
14. princesa
15. condesa
16. licenciada
17. actriz
18. suegra
19. gallina
20. dependienta
21. yegua

6. Mettez les groupes nominaux au féminin. (AZ 169, 13)

1. un entrañable amigo
2. un fumador empedernido
3. un funcionario cortés
4. su hermano mayor
5. un joven aprendiz
6. un campesino aragonés
7. un chico cursi
8. un contrario leal
9. un automovilista prudente
10. un gracioso bailarín
11. el ágil acróbata
12. un célebre autor
13. un contable competente
14. un atleta superdotado

7. Mettez les groupes nominaux au masculin. (AZ 169, 13)

1. una enferma contagiosa
2. una cosmonauta rusa
3. una jefa mandona
4. una india azteca
5. una colegiala estudiosa
6. una hábil sastra
7. una eurodiputada belga
8. una turista estadounidense
9. una campeona ciclista
10. una pediatra paciente

8. Mettez les groupes nominaux au pluriel. (AZ 170, 13)

1. un alimento sano
2. una pera madura
3. un chocolate espeso
4. una cosecha abundante
5. la sesión plenaria
6. una reacción pueril
7. un rey legendario
8. el viernes festivo
9. un concepto innovador
10. un juez municipal
11. el diminuto colibrí
12. un carácter difícil
13. el vals vienés
14. el fragante alhelí
15. un club deportivo
16. un papá atento
17. un menú selecto
18. un paraguas azul claro

9. Mettez les groupes nominaux au singulier. (AZ 170, 13)

1. conclusiones lógicas
2. jóvenes chóferes
3. los peces marinos
4. mítines multitudinarios
5. chalés adosados
6. quitamanchas eficaces
7. hipótesis erróneas
8. los gráciles maniquíes
9. regímenes drásticos
10. radiotaxis barceloneses

3 Les diminutifs et les augmentatifs

1. Remplacez les mots entre parenthèses par leur diminutif en* -ito. *(AZ 91)

1. El bebé estaba moviendo las (manos) y jugando con los (pies).
2. ¿Me das una (moneda) para meter en la hucha?
3. ¡A veinte (duros), los vendo! pregonaba el vendedor ambulante.
4. A estos (árboles) los llaman bonsáis.
5. La carretera corre por un (valle) muy verde cubierto de (flores).
6. Un (puente) de madera salva el río.
7. ¡Menudo (olor) despide este queso!
8. Te voy a contar la leyenda del (indio) taciturno.
9. Un tablero del mueble disimula dos (cajones).
10. A las niñas les gustaba jugar a las (comidas).
11. ¿Te apetece un (café), (morena)?
12. No se olvida ni del mínimo (detalle).

una moneda : une pièce
la hucha : la tirelire
un duro : cinq pesetas
pregonar : crier
la madera : le bois
salvar : franchir
despedir : répandre
el queso : le fromage
un tablero : un panneau
un cajón : un tiroir

2. Retrouvez le mot d'origine des diminutifs et augmentatifs suivants.* *(AZ 91)

1. arroyuelo
2. baldosín
3. bolsillo
4. botiquín
5. carboncillo
6. cigarrillo
7. cucharón
8. cuerdecita
9. culebrón
10. delgaducho
11. espejito
12. grandullona
13. guitarrón
14. mantón
15. mesilla
16. molinillo
17. panecillo
18. pañuelo
19. pasillo
20. plazuela
21. plumón
22. señorito
23. señorona
24. ventanilla

4 L'adjectif qualificatif : place et emploi

1. Reconstituez ces titres de films en plaçant convenablement l'adjectif qualificatif. *(AZ 14)*

1. Un … perro … (andaluz)
2. … calle … (mayor)
3. El … amor … (brujo)
4. Los … inocentes … (santos)
5. La … pantera … (rosa)
6. El … lago … (azul)
7. La … noche … (más hermosa)
8. Los … ojos … (vendados)
9. La … letra … (escarlata)
10. El … metro … (último)
11. … tacones … (lejanos)
12. El … ángel … (exterminador)

brujo : sorcier
el lago : le lac
vendado : bandé
el tacón : le talon

2. Placez convenablement l'adjectif. *(AZ 14)*

1. una … fruta … (madura)
2. una … novela … (policíaca)
3. su … vestido … (elegante)
4. los … edificios de la capital … (modernos)
5. el … curso … (académico)
6. un … triángulo … (isósceles)
7. las … iglesias … (románicas)
8. la … luna … (llena)
9. la … frente del patriarca … (arrugada)
10. una … fiebre … (intermitente)

románico : roman
arrugado : ridé

3. Transformez les adverbes en adjectifs. *(AZ 15)*

1. Los compañeros le acogieron **amistosamente**.
2. "No puede ser", replicó **tajantemente**.
3. Apoyada en la baranda, contemplaba **pensativamente** el horizonte.

4. Por la bahía cruzaba **lentamente** un velero.
5. El gato se estira **perezosamente**.
6. Sobre los tejados vuelan **velozmente** las golondrinas.
7. Ella abrió la carta y la leyó **ansiosamente**.
8. Todos se agitaban **impacientemente**.

acoger : acueillir
tajantemente : catégoriquement
la baranda : la balustrade
la bahía : la baie
un velero : un voilier
el tejado : le toit
la golondrina : l'hirondelle
ansiosamente : anxieusement

5 L'apocope

1. Rétablissez la forme correcte des mots entre parenthèses. *(AZ 31)*

1. Dice el refrán : "A la (tercero) va la vencida", pero tú has conseguido el carné al (primero) intento.
2. Tendrá que repetir el segundo curso puesto que no lo admiten en (tercero).
3. La moto que acabo de comprar es (reciente) ; es una (primero) mano.
4. Hemos catalogado (ciento) (uno) documentos de vídeo. - ¿Queda (alguno) por clasificar? - No, no queda (ninguno).
5. Ella no es (bueno) conductora ; (cualquiera) día puede tener un accidente.
6. La manifestación reunió a más de (ciento) mil personas.
7. Trabaja en (Santo) Domingo.
8. Podías haber inventado una disculpa (cualquiera), aunque fuera (malo).
9. El (grande) acontecimiento causó un temor (grande) en la sociedad.
10. ¡Hace (tanto) tiempo que nos conocemos!

el carné : le permis (de conduire)
una disculpa : une excuse
un acontecimiento : un événement
un temor : une crainte

2. Vous venez d'acheter un lave-vaisselle ; suivez les conseils du vendeur ! Rétablissez la forme correcte des mots entre parenthèses. *(AZ 31)*

Con nuestros consejos, su vajilla quedará (tanto) nueva como el (primero) día.
(Recientemente) comprado el lavavajillas, tenga Vd. en cuenta estos consejos :
No utilice (cualquiera) producto. Use (alguno) detergente que sea (bueno). Cada (ciento) utilizaciones limpie el filtro - ¡y note (cuanto) fácil resulta! -. No es necesario calentar demasiado: el (tercero) programa es suficiente en la mayoría de los casos. Así conseguirá un (bueno) resultado, y no tendrá (ninguno) problema, ya que del (malo) uso se derivan muchas averías.
Si necesita más consejos acuda a:
GALERÍAS MODERNAS, (Santo) Fernando, 15.

la vajilla : la vaisselle
calentar : chauffer
una avería : une panne
acudir a: s'adresser à

6 Le comparatif et le superlatif

1. On compare deux itinéraires. Complétez les phrases en suivants les indications (+, -, =). *(AZ 59)*

1. La carretera de la sierra es … pintoresca … la de la costa. (=)
2. Pero es un poco … larga … la otra porque hay que pasar un puerto. (+)
3. En ella, los riesgos son … (grandes) … en la otra por las curvas que tiene. (+)
4. La calzada no es … ancha … sería preciso. (=)
5. Pero el firme es … (bueno) … se podría creer. (+)
6. Es … transitada … la de la costa. (-)
7. El camino del litoral es … tranquilo … el de la sierra. (-)
8. Es … rápido … el otro por todos los pueblos que hay que cruzar. (-)
9. Para mí es … agradable pasar por las playas … ir por la sierra porque uno puede bañarse. (=)
10. ¡Elegir va a ser … complicado … me imaginaba! (+)

la sierra : la montagne	**la curva :** le virage
la costa : la côte	**la calzada :** la chaussée
un puerto : un col	**el firme :** la chaussée
el riesgo : le risque	**transitado :** fréquenté

2. Insistez sur les qualités de votre appartement en utilisant le superlatif. *(AZ 258)*
Ex. : El cuarto de baño está bien equipado → El cuarto de baño está muy bien equipado.

1. El salón es espacioso.
2. Los dormitorios están frescos en verano.
3. La moqueta es espesa.
4. La cocina es grande.
5. El ropero es cómodo.
6. La vista al jardín es agradable.
7. Los vecinos son discretos.
8. La casa es tranquila.
9. El barrio está bien comunicado.
10. El alquiler es barato.

el dormitorio : la chambre	**comunicado :** desservi
el ropero : la penderie	**el alquiler :** le loyer

3. Vous suivez des cours en Espagne. Répondez aux questions de vos proches. *(AZ 258)*
Ex. : - ¿Están fuertes en lingüística? - Sí, fuertísimos.

1. ¿Son interesantes las clases?
2. ¿Son simpáticos los demás estudiantes?
3. ¿Es bueno el ambiente?
4. ¿Es célebre esa universidad?
5. ¿Son antiguos los edificios en que se dan las clases?
6. ¿Es cómodo el sitio en que te alojas?
7. ¿Son amables los dueños de la pensión?
8. ¿Es animada la ciudad?
9. ¿Hay muchas fiestas?
10. ¿Así que estás contenta?

alojarse : se loger	**el dueño :** le propriétaire

4. Le Circo Máximo ***a installé son chapiteau. Traduisez l'annonce publicitaire (vous =*** ustedes***).*** *(AZ 215)*

1. Le cirque Máximo est le plus fameux et celui qui a le plus grand prestige dans toute l'Europe.
2. Avec lui, nous avons parcouru les pays les plus divers.
3. Nous vous présentons les numéros les plus extraordinaires que vous ayez jamais vus.
4. Les trapezistes les plus impressionnants vous émerveilleront.
5. Vous tremblerez en voyant les fauves les plus féroces.
6. Vous admirerez le dompteur le plus courageux.
7. Les singes les plus malins vous enchanteront.
8. Vous rirez avec les clowns les plus comiques.
9. Vous verrez le meilleur illusionniste qui se produise actuellement.
10. Vous conserverez de notre spectacle le souvenir le plus agréable.

le prestige : el prestigio
parcourir : recorrer
un numéro : un número
le trapéziste : el trapecista
trembler : temblar
le fauve : la fiera
le dompteur : el domador
le singe : el mono
malin : listo
enchanter : encantar
le clown : el payaso
l'illusionniste : el ilusionista

7 Les adverbes en *-mente*

1. Remplacez le complément en gras par un adverbe en -mente. *(AZ 16)*

1. ¡Ya empiezas a trabajar **de modo serio**!
2. Este aspecto está ligado **de modo íntimo** al del empleo.
3. La situación va evolucionando **de modo normal**.
4. Se ha resuelto el problema **de modo clásico**.
5. Tal fenómeno se da **de modo común**.
6. Actuó **de modo demagógico**.
7. Has ganado **de modo indudable**.
8. Este pensamiento le preocupa **de manera constante**.
9. Está prohibido **de manera terminante** fumar aquí.
10. Contesta **de modo ingenuo** a las preguntas.

ligado : lié
darse : se produire
actuar : agir
indudable : indéniable
terminante : formel

2. Remplacez le complément en gras par les adverbes correspondants. *(AZ 16, 17)*

1. Has resumido el tema **de modo sucinto pero claro**.
2. ¿Piensa Vd. que es mejor plantear la cuestión **de modo parcial o total**?
3. Él no lo admite **de modo público sino privado**.
4. Se puede regular el proceso **de modo natural o artificial**.
5. ¡Eso sí que es obrar **de modo tan útil como agradable**!
6. Esa zona está poco favorecida **desde el punto de vista demográfico, social y cultural**.

el tema : le sujet
sucinto : succinct
plantear : envisager
el proceso : le processus
obrar : agir
favorecido : favorisé

É V A L U A T I O N 1

Entourez la bonne réponse.

1. … hermano se queja de …
   a. mi / tú *b.* mi / ti *c.* mí / ti
2. … hombre le miraba a …
   a. el / él *b.* él / el *c.* el / el
3. ¿ … dijist-… entonces ?
   a. que / -eis *b.* qué / -eis *c.* qué / -éis
4. Dentro de poco, … las vacaciones.
   a. terminaran *b.* terminarán *c.* terminaron
5. … Garona nace en … Pirineos.
   a. el / las *b.* la / los *c.* el / los
6. Nuestra enviada … nos informa desde … frente.
   a. especial / el *b.* espacial / la *c.* especial / la
7. Una estudiant-… de tercer-… puede resolver … problema.
   a. -e / Ø / el *b.* -e / -o / el *c.* -a / -o / la
8. … color … está de moda.
   a. la / naranja *b.* el / naranjo *c.* el / naranja
9. Esto representa … … labor.
   a. un enorme *b.* una enorme *c.* un gran

10. Una ... alegre y ... .
    a. locutora / parlanchina
    b. locutora / parlanchín
    c. locutor / parlanchina
11. La joven-... aprendiz-... se acostumbra al trabajo.
    a. -a / -a *b.* Ø / Ø *c.* Ø /-a
12. Unas tribu-... zulú-... quieren conservar sus tradiciones.
    a. -s / -s *b.* -es / -úes *c.* -s / Ø
13. El ascensor se ha parado en el ...
    a. tercero *b.* tercio *c.* tercer
14. El ... abierto almacén atrae a mucha gente.
    a. reciente *b.* recién *c.* recientemente
15. ... tiempo pasado fue mejor.
    a. cualquiera *b.* cualesquiera *c.* cualquier
16. Este vin-... sabe a vinagre.
    a. -cillo *b.* -illo *c.* -ecillo
17. Carmela es una joven-... atractiva.
    a. -ita *b.* -ecita *c.* -cita
18. El AVE es ... tren ... más rápido.
    a. el / el *b.* el / lo *c.* el / Ø
19. Fueron los momentos ... emocionantes que ... vivido.
    a. más / hemos
    b. los más / hemos
    c. más / hayamos
20. Fue más fácil ... creía.
    a. que *b.* de lo que *c.* que lo que
21. Esta película no es ... divertida ... la de ayer.
    a. tan / como *b.* tanto / como *c.* tan / que
22. Has elegido la solución ... original.
    a. lo menos *b.* la menos *c.* menos
23. Volvieron a casa tard-...
    a. -ísima *b.* -ísimo *c.* -ísimos
24. ... y ... sería un error.
    a. políticamente / económica
    b. política / económicamente
    c. políticamente / económicamente

***1. Complétez les proverbes par les articles définis appropriés.** (AZ 34)*

1. Gato escaldado de ... agua fría huye.
2. Hablando de ... rey de Roma, por ... puerta asoma.
3. ... ocasión hace a ... ladrón.
4. ... hablar bien no cuesta dinero.
5. ... buen paño en ... arca se vende.
6. ... cuentas claras y ... chocolate espeso.
7. ... mejor es enemigo de ... bueno.
8. ... hambre es mala consejera.
9. ... comer y ... rascar, todo es empezar.
10. ... ojos son ... espejo de ... alma.

escaldado : échaudé
asomar : appparaître
paño: drap (toile)
rascar : gratter
espejo : miroir

***2. Rétablissez les articles définis dans ces titres d'œuvres littéraires.** (AZ 34)*

1. ... camino. (M. Delibes)
2. ... colmena. (C. J. Cela)
3. ... fulgor y ... sangre. (I. Aldecoa)
4. ... otros. (L. Romero)
5. ... arpa y ... sombra. (A. Carpentier)
6. ... ciudad y ... perros. (M. Vargas Llosa)
7. ... hombres de ... tierra y de ... mar. (S. J. Arbó)
8. ... demás es silencio. (G. Celaya)
9. ... dama de ... alba. (A. Casona)
10. ... otoño de ... patriarca. (G. García Márquez)
11. ... águila y ... serpiente. (M. L. Guzmán)
12. ... mañana efímero. (J. Goytisolo)
13. Con ... muerte a ... hombro. (L. Castillo Puche)
14. De ... Miño a ... Bidasoa. (C. J. Cela)
15. ... corriente (L. Romero)

colmena : ruche
fulgor : lueur
alba : aube
hombro : épaule

3. Complétez les phrases suivantes. (AZ 34)

1. Esto tiene que constar en ... acta.
2. El pájaro se ha roto ... ala en la jaula.
3. ... alfombra apaga el ruido de los pasos.
4. ¿A quién le va a tocar ... haba del roscón de reyes?
5. Este año ha rendido poco ... habichuela.
6. ... actas las redacta el notario.
7. Desplegadas ... alas, ... majestuosa águila se cierne sobre la sierra.
8. Son famosas ... alfombras orientales.
9. ¿Sabes cocinar ... habas?
10. ... habichuelas no están maduras todavía.

constar en : figurer sur
acta : procès verbal ; acte
la jaula : la cage
el haba : la fève
apagar : assourdir
el roscón de reyes : le gâteau des rois
rendir : produire
habichuela : haricot
cernerse : planer

4. Écoutez l'animateur ... Complétez avec les articles définis nécessaires. (AZ 35, 36)

1. ... señores oyentes, muy buenas tardes. Éstos son los espacios que ustedes van a escuchar a continuación :
2. Después del noticiario de ... una y media, ... señor Alcalde, don Andrés Pérez y ... señor Víctor Montalbán, arquitecto, nos hablarán del nuevo plan urbanístico.
3. Luego escucharán ustedes un debate sobre el papel de ... España en ... Europa de los Quince.
4. A continuación les ofreceremos la primera parte del certamen de cante jondo grabado ... sábado por la noche.
5. La segunda parte será radiada ... próximo martes.
6. Concluiremos nuestros programas de la tarde con una cronología de los acontecimientos más relevantes de ... 96.
7. Les agradecemos ... escucharnos.

un espacio : une émission
a continuación : ensuite
el noticiario : les informations
el certamen : le concours
el cante jondo : le chant andalou
grabar : enregistrer
radiar : diffuser
el acontecimiento : l'événement
relevante : significatif

5. Complétez ces titres de journaux à l'aide des articles définis nécessaires. *(AZ 35,36)*

1. ... Ministerio de ... Trabajo y ... Seguridad Social publica las estadísticas del empleo.
2. Preocupación de ... Transportes tras los catastróficos accidentes de ... pasado domingo.
3. Controversia : ¿Quién quiere trabajar ... domingos?
4. Perspectivas : Sevilla después de ... 92.
5. Últimas horas de vacaciones : los alumnos vuelven a ... clase mañana.
6. Las lluvias arrecian en ... España del este.
7. Acabada su travesía, el navegante vuelve a ... casa.
8. Récord : a ... doce años es capaz de pilotar una avioneta.
9. Retorno : triunfal gira mundial de la estrella de ... 80.
10. ... Italia vence a ... Dinamarca en un histórico partido.

arreciar : redoubler
avioneta : avion de tourisme
una gira : une tournée
la estrella : la vedette

6. Traduisez. *(AZ 151)*

1. Lo informático ha invadido la vida cotidiana.
2. Hace tiempo que las empresas se han dado cuenta de lo cómoda que es la informática.
3. Lo de gestión, contabilidad, facturación se realiza por medio del ordenador.
4. Cada sector puede adaptar esta herramienta a lo suyo.
5. Hay que ver lo flexible que es.
6. Es considerable lo que puede hacer el microprocesador.
7. Es asombroso pensar que procesa tantos datos con lo diminuto que es.
8. Antes, lo de memorizar unos complicados mandos desalentaba al no especialista.
9. Ahora, lo difícil no es aprender a manejar el ordenador sino escoger entre marcas.
10. Lo lógico es pensar que la informática va a desarrollar sus aplicaciones cada vez más.

la herramienta : l'outil
flexible : souple
asombroso : étonnant
procesar : traiter
un dato : une donnée
diminuto : très petit
un mando : une commande
desalentar : rebuter
manejar : manier

9 L'article indéfini

1. Complétez, s'il y a lieu, les proverbes suivants par les articles indéfinis appropriés. *(AZ 37, 38)*

1. … solo golpe no derriba … roble.
2. … buena capa todo lo tapa.
3. En … boca cerrada no entran … moscas.
4. Quien hace … cesto hará ciento.
5. … golondrina no hace el verano.
6. No hay … atajo sin … trabajo.
7. … clavo saca … otro clavo.
8. No hay … peor ciego que el que no quiere ver.
9. … ojos que no ven, … corazón que no siente.
10. … cosa es predicar y … otra dar … trigo.

2. L'essor du tourisme … Complétez avec un, una, unos, unas ***ou*** Ø. *(AZ 37, 38)*

1. Apenas se reconoce al pueblo con … tal trastorno.
2. Han derribado … casas viejas.
3. Han edificado … hoteles con vistas al mar.
4. Han instalado … tiendas junto a la playa.
5. El pueblo no tenía … puerto deportivo : han creado uno.
6. Han abierto … calles nuevas.
7. Han hecho … urbanizaciones en la colina.
8. Han instalado … semáforos que regulan el tráfico.
9. Antes el pueblo no tenía … supermercado.
10. El pueblo ya tiene … estación de servicio y todo.

el trastorno : le bouleversement
derribar : abattre
la urbanización : le lotissement
los semáforos : les feux de signalisation

3. Complétez, s'il y a lieu, à l'aide d'articles indéfinis. *(AZ 37, 38)*

1. Los bonsáis son … árboles en miniatura.
2. Para cultivarlos es esencial atenerse a … reglas básicas.
3. No se puede plantar … cualquier tipo de árbol.
4. Vd. tendrá menos dificultades con … variedades que estén acostumbradas a nuestro clima.

5. El cuidado de ... bonsay requiere ... herramientas adecuadas.
6. Utilice... fuertes tijeras para la poda y ... alicates para torcer y cortar el alambre que dé forma al árbol.
7. Limítese a ... formas sencillas pero elegantes.
8. Es indispensable tener ... paciencia y ... sentido artístico.
9. Para obtener ... mejor resultado es posible aconsejarse con ... experto.
10. Al fin Vd. podrá exhibir ... ejemplares magníficos.

atenerse a : s'en tenir à
acostumbrado : habitué
la herramienta : l'outil
las tijeras : les ciseaux
la poda : la taille
los alicates : les pinces
el alambre : le fil de fer
aconsejarse con : prendre conseil de

10 Les possessifs

1. Utilisez les adjectifs possessifs. *(AZ 202)*
Ex. : ¿No recibiste el paquete que te mandé?
→ ¿No recibiste mi paquete?

1. El equipo de alta fidelidad que tienes cuenta con lector de disco compacto.
2. Nos han mandado el catálogo que publican.
3. Las condiciones de venta que anuncian son ventajosas.
4. Seleccionamos con esmero los artículos que vendemos.
5. El recambio que Vd. nos encargó no ha llegado aún.
6. No lo tiene el proveedor que nos lo suministra.
7. ¿Lo incluyen todo las garantías que ustedes proponen?
8. La impresión que tengo es que ellos son gente formal.
9. Las compras que habéis hecho son útiles.
10. No han tenido resultado las reclamaciones que hiciste.

contar con : disposer de
ventajoso : avantageux
el esmero : le soin
el recambio : la pièce de rechange
encargar : commander
el proveedor : le fournisseur
suministrar : fournir
formal : sérieux

2. Complétez les phrases avec les possessifs. (AZ 203)

1. Pasamos el fin de semana en casa de unos familiares ....
2. Le presté unos libros ... y él todavía los tiene.
3. Está convencido de que cualquier idea ... vale más.
4. ¡Ay, querida ..., cuánto te echo de menos!
5. Si tú quisieras, bastaría con una palabra ....
6. ¡Conque Vd. trabaja ya con una cuñada ... !
7. ¿No confiáis en mí? Yo no podré sufrir una sospecha por parte ...
8. Bien sabe Vd. que intentaré satisfacer cualquier deseo ...
9. Hacedme el favor de guardar esos juguetes ....
10. Ya ves, estamos listos; sólo esperamos una orden ....

el fin de semana : le week-end
un familiar : un parent
echar de menos : regretter
conque : alors
la cuñada : la belle-sœur
la sospecha : le soupçon

3. Traduisez l'exercice précédent. (AZ 203)

4. Vous retrouvez des objets ayant appartenu à votre famille. Répondez affirmativement en utilisant les pronoms possessifs. (AZ 203)

Ex. : - ¿Era del abuelo este casco? - Sí, era el suyo.

1. - ¿Era tuya esta muñeca?
2. - ¿No era mía esta raqueta?
3. - ¿Eran de los padres estos discos viejos?
4. - Juan y José, ¿no eran vuestros estos disfraces?
5. - ¿No era de la abuelita este sombrero negro?
6. - ¿Era de mamá esta polvera?
7. - ¿Era tuyo este tambor ?
8. - ¿Era de papá esta caña de pescar?
9. - ¿No eran nuestras estas canicas?
10. - ¿Era del tío Gregorio esta cámara de fotos?

la muñeca : la poupée
el disfraz : le déguisement
la polvera : le poudrier
la caña de pescar : la canne à pêche
la canica : la bille
la cámara de fotos : l'appareil photo

1. Complétez ce dialogue en utilisant les démonstratifs appropriés. (AZ 84-86)

- ¿Qué se le ofrece a Vd., señorita?
- Quiero ver ... zapatos negros rebajados que están en el escaparate.
- Es que tenemos varios : haga el favor de enseñármelos. A ver, ¿son ... , los que toco?
- No, son ..., más allá.
- Me temo que no nos queden en el número que calza. ¿Vd. no quisiera probar ... del fondo que son muy elegantes y de muy buena calidad?

(Tiempo después, probando ya)

- ... que tengo puestos me gustarían pero me están un poquitín estrechos ; ... de tacón alto que acaba de enseñarme no me convienen y ... que probé primero son demasiado caros. Los que compraría con gusto son los zapatos tan bonitos que lleva ... señora que está saliendo de la tienda.
- Lo siento, señorita, pero ... eran los últimos que nos quedaban.

¿Qué se le ofrece? : Que désirez-vous ?
rebajado : en solde
el escaparate : la vitrine
el número que calza : votre pointure
probar : essayer
el tacón : le talon

2. Complétez le texte par les démonstratifs appropriés. (AZ 84-86)

Recuerdo que ... año fue el de las lluvias. Durante semanas no paró de llover. Unas veces eran chaparrones y otras ... lluvia fina y obstinada que lo empapa todo. Por ... fue creciendo el río y acabó por salir de madre. Toda la parte baja de ... pueblo nuestro quedó anegada bajo medio metro de agua. Por la calle del Molino y la de Curtidores se circulaba en barca. Incluso en ..., digo la de Curtidores, se murió una anciana, del miedo que tuvo ; mientras que en ... no se lamentaron más que daños materiales. Lo mismo pasó en otros pueblos de la vega, ... sí con menos inconvenientes.

A raíz de ... crecida fue cuando hicieron ... dique que se puede ver allí.
... año no va a ocurrir lo mismo con lo seco que está todo : alguna lluvia es lo que nos hace falta.

un chaparrón : une averse	**un daño :** un dommage
empapar : imbiber	**la vega :** la vallée
salir de madre : déborder	**a raíz de :** à la suite de
anegar : inonder	**la crecida :** la crue
lamentar : déplorer	**el dique :** la digue

3. Complétez les phrases. *(AZ 84-86)*

ANA MARÍA MATUTE, *La trampa*

1. a. (...) hubiera deseado convertirse en una abuela plácida, golosa; de ... que llevan caramelos en el bolso y se duermen sobre el periódico.

b. ... madrugada experimento la decepcionante sensación de que el mundo existe, simplemente.

c. No la vi envejecer, pero sé que ha pasado mucho tiempo, muchos años sobre ... año en que la vi.

CARMEN MARTÍN GAITE, *Entre visillos*

2. a . - A ver si arregláis ... de la lección de dibujo.

b. - ¿Novios? - dijo Mercedes plegando la boca -.
... quisiera, le he dado una lección. ... se creía que yo soy como todas, ... es lo que ha pasado.

c. - No las quiero ver.
- ¿A quiénes?
- A ... . No quiero saber nada de ellas.

goloso : gourmand	**plegar la boca :** faire la moue

1. *Écrivez en toutes lettres les cylindrées.* *(AZ 171)*

50 centímetros cúbicos	250 cc	750 cc	1200 cc
125 cc	500 cc	1000 cc	2000 cc

2. *Écrivez en toutes lettres les nombres figurant dans le titre des films suivants.* *(AZ 171)*

1. Mamá cumple 100 años.
2. 007 contra el Dr. No.
3. 2001 : una odisea en el espacio.
4. Los 400 golpes.
5. 27 horas.
6. Los 10 mandamientos.
7. Los 39 escalones.
8. 9 semanas y 1/2.

3. *Retrouvez la date de ces inventions et écrivez-la en toutes lettres* *(AZ 171)* **:** 550 a de J.C., 1315, 1436, 1597, 1604, 1680, 1711, 1752, 1800, 1835, 1901, 1923, 1974.

	inventó		en
1. Anaximandro		el reloj de sol	
2. Cristofori		el piano	
3. Daguerre		la fotografía	
4. Franklin		el pararrayos	
5. Galileo		el termómetro	
6. Gutenberg		la imprenta	
7. Jansen		el microscopio	
8. La Cierva		el autogiro	
9. Moreno		la tarjeta chip	
10. Papin		la olla a presión	
11. Salvino Degli Armati		las gafas	
12. Spangler		el aspirador	
13. Volta		la pila eléctrica	

4. Écrivez en toutes lettres le nombre des voyageurs transportés par le* Consorcio de Transportes de Madrid *de 1988 à 1991. *(AZ 171)*

1988 :	1.029.200.000	1990 :	1.107.300.000
1989 :	1.069.815.000	1991 :	1.200.000.000

5. Quelques résultats des Jeux Olympiques de Barcelone. Écrivez en toutes lettres les nombres, pourcentages et fractions. *(AZ 171-173)*

1. El 1° de todos es el Equipo Unificado que se lleva casi el 20% del oro y el 13,7% de todas las medallas.
2. Estados Unidos es el 2° país, con 37 medallas de oro.
3. El 3er puesto lo ocupa Alemania que granjea el 1/10 del total de medallas.
4. El 5° país es Cuba que obtiene 31 galardones.
5. A España le corresponde el 6° puesto con 1/20 de las medallas de oro.
6. Francia consigue 29 medallas en total, con lo que es la 9° nación.
7. El 10° equipo es el de Australia.
8. A Italia y Canadá les corresponden los puestos 11° y 12°.
9. En el 20° lugar se encuentran los Países Bajos con 15 medallas, es decir, un escaso 2%.
10. Kenia consigue 8 medallas que corresponden a un 1% y le colocan en el puesto 21.

13 La date et l'heure

1. *Écrivez en toutes lettres les dates suivantes.* *(AZ 79)*
Ex. : 19/5/1900 : El diecinueve de mayo de mil novecientos ...

19-8-1907 : se matricula en Madrid el primer automóvil.
28-6-1909 : se declara obligatoria la enseñanza elemental.
1-10-1919 : se establece la jornada laboral de ocho horas.
30-5-1924 : se inauguran las obras del metro de Barcelona.
29-4-1935 : comienza la primera vuelta ciclista a España.
13-6-1956 : el Real Madrid gana la primera Copa de Europa.

2. *¿ Qué hora es ?* *(AZ 136)*

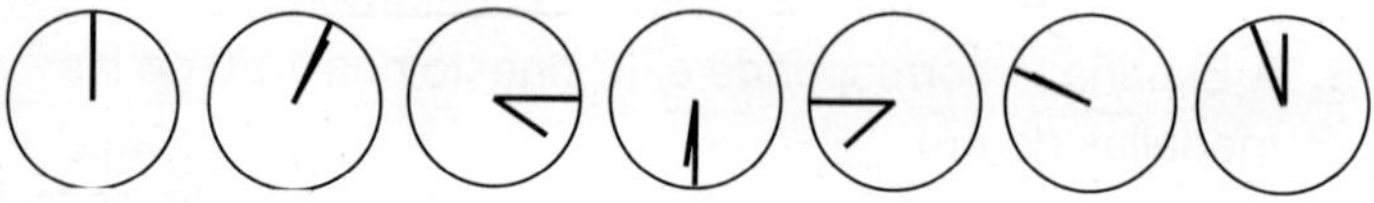

É V A L U A T I O N 2

A. *Complétez par les articles appropriés.*

MANUEL VÁZQUEZ MONTALBÁN, *La soledad del manager*

... dos de ... madrugada. Llovía francamente y de ... noche le llegó ... aroma a pino mojado, mientras sonaban confundidos ... crepitar de ... llamas y ... de ... lluvia sobre ... hiedra convertida en manto verde sobre ... mayor parte de ... suelo de ... jardín.

B. *Complétez par des articles, si cela est nécessaire.*

CAMILO JOSÉ CELA, *Viaje a la Alcarria*

En ... balsa de ... molino se baña ... bandada de patos domésticos, graciosos, que tienen ... plumita arqueada y brillante en ... cola, ... plumita de color gris con ... reflejos verdes y azules y colorados. Algunos patos duermen en ... orilla, unos de pie y otros echados, con … cabeza escondida en … ala. Otros pasean graznando y moviéndose para … lados, como … marineros. … viajero se asoma a … pretil de … puente, a … vara y media de … agua, y les echa … migas de pan. … patos acuden, presurosos, batiendo … alas sobre … agua.

C. Traduisez en espagnol (écrivez les chiffres en toutes lettres).

1. As-tu remarqué combien ce travail est fin ?
2. Que fais-tu vendredi soir ?
3. Il a pris sa retraite à 60 ans.
4. À quelle heure rentreras-tu à la maison ?
5. Elle avait des yeux noirs et profonds.
6. Cet été, ils vont visiter un autre pays.
7. Cet été 76, les réserves d'eau s'épuisèrent.
8. C'est précisément cela qui m'inquiète.
9. Cette bague que je porte était la sienne.
10. Vous voyez cet immeuble, au bout de la rue ? C'est là.
11. Eduardo est un de mes camarades de lycée.
12. Vos désirs sont des ordres, chère amie.
13. J'ai repassé tes chemises.
14. Quelle vie que la tienne !
15. Ce qui est à moi est à vous *(2e du plur.)*, dit-il.
16. Un tiers des candidats a été reçu en 4e année.
17. À partir de 101 exemplaires, la réduction est de 10%.
18. Le club compte 200 membres.
19. Le troisième millénaire commence le 1er janvier 2000.
20. Je dois partir à midi moins le quart.

le travail : la labor
prendre sa retraite : jubilarse
le lycée : el instituto
s'épuiser : agotarse
repasser : planchar
être reçu : aprobar

1. Renforcez l'expression en employant le pronom personnel sujet. (AZ 208, 209)

1. Nado cada semana.
2. Nunca me escribes.
3. Telefonea a veces. (*masc.*)
4. Vivimos en una casa particular. (*masc.*)
5. Viajan mucho. (*masc.*)
6. Coméis en el restaurante universitario. (*masc.*)
7. Habla sin parar. (*fem.*)
8. Son muy guapas.
9. ¿Vais a la discoteca? (*fem.*)
10. Vamos muy retrasadas.

nadar : nager
parar : arrêter

2. Traduisez les phrases en utilisant le pronom personnel sujet, si cela est nécessaire. (AZ 208, 209)

1. Je lisais le journal et elle regardait la télévision.
2. Il consultait la carte pendant que j'apportais les valises.
3. Je pense que nous arriverons vers quatre heures.
4. Moi, je passerais par la côte.
5. Tu dois t'arrêter et te reposer une heure.
6. Toi, tu n'es pas d'accord.
7. Nous savons, elle et moi, que le voyage sera long.
8. Je crois que la route est en travaux.
9. Ne te plains pas! Moi, j'ai conduit pendant trois heures et toi pendant une heure.
10. Il roulait trop vite et je n'étais pas rassurée.

la valise : la maleta
la côte : la costa
en travaux : en obras
se plaindre : quejarse
rouler vite : correr
rassuré : tranquilo

15 Les pronoms COD et COI

1. *Quel pronom peut remplacer le nom en gras ? Cochez la case qui convient.* *(AZ 210)*

	lo	lo, le	los	los, les	la	las
Hoy he visto a **Paco.**						
Acompañó a **sus amigos.**						
Pon **la lámpara** aquí.						
Tráeme **el billete.**						
Examina **el cuadro.**						
Felicita al **jugador.**						
Apaga **la radio.**						
Mándame **las partituras.**						
Admiro al **compositor.**						
Escucha **estos discos.**						

2. *Complétez les phrases suivantes par le pronom qui convient.* *(AZ 208, 210, 212)*

1. … despertarás antes de marcharte. *(1re pers. sing.)*
2. No … oigo. *(2e pers. sing)*
3. … congratulaban unos a otros. *(3e pers. plur.)*
4. … decepcionáis. *(1re pers. plur.)*
5. A su padre, … admira mucho. *(3e pers. sing.)*
6. A sus amigas, … espera a las cinco.*(3e pers. plur.)*
7. … invito yo. *(2e pers. plur.)*
8. … sirve el té. *(3e pers. sing.)*
9. … propondrás un paseo. *(3e pers. plur)*
10. Ella … mira en el espejo. *(3e pers. sing.)*

despertar : réveiller
congratular : congratuler
decepcionar : décevoir
el té : le thé
un paseo : une promenade
el espejo : le miroir

3. *Nous allons parler d'un film à un ami en employant le futur et le pronom personnel* le. *(AZ 212)*

Ex. : Enseñar el guión → Le enseñaremos el guión.

1. Decir que nos gustó.
2. Comentar la película.
3. Relatar el principio.
4. No revelar el desenlace.
5. Sugerir la importancia del paisaje.
6. Indicar los nombres de los actores.
7. Señalar la ausencia de efectos especiales.
8. Apuntar la belleza de la fotografía.
9. Demostrar que era mejor de lo que se decía.
10. Precisar las condiciones de rodaje.

el guión : le scénario
el desenlace : le dénouement
apuntar : montrer
el rodaje : le tournage

4. Dans les phrases du n°15.3, remplacez le COD par le pronom personnel qui convient. *(AZ 214)*

Ex. : Le enseñaremos el guión → Se lo enseñaremos.

5. Nous parlons de notre dernier voyage à nos amis en employant le pronom personnel les. *(AZ 212)*

Ex. : Dar todos detalles → Les damos todos los detalles.

1. Explicar el itinerario.
2. Referir las peripecias.
3. Describir los paisajes.
4. Ponderar la benignidad del clima.
5. Contar las costumbres de los habitantes.
6. Detallar los monumentos.
7. Mostrar las curiosidades.
8. Recomendar los mejores sitios.
9. Enseñar nuestras fotos.
10. Facilitar toda la documentación.

ponderar : vanter
la benignidad : la douceur
facilitar : fournir

6. Reprenez les phrases du n°15.5 sur le modèle :

Les damos todos los detalles → Se los damos. *(AZ 214)*

7. Dans cette recette des oeufs farcis, remplacez les compléments en gras par les pronoms personnels correspondants. *(AZ 210-212)*

Ingredientes para 3 personas : 6 huevos, 1 cebolla, 1 hígado de pollo, 100 gramos de tomates maduros, aceite.

Mondar la cebolla y picar **la cebolla**.
Preparar el hígado de pollo : quitar la hiel **al hígado** y freír **el hígado**.
Cocer los huevos durante 10 minutos. Luego, quitar **a los huevos** la cáscara y partir **los huevos** por la mitad. Sacar las yemas ; machacar **las yemas** en un mortero junto con la cebolla picada y el hígado.
Aparte, sofreír los tomates. Una vez fritos, echar **los tomates** en el mortero y machacar **todos los ingredientes**.
Una vez todo frío, rellenar los huevos. Colocar **los huevos** en una fuente y cubrir **los huevos** con bechamel. Introducir la fuente en el horno durante unos minutos y sacar **la fuente** cuando estén gratinados los huevos.

un huevo : un oeuf
una cebolla : un oignon
un hígado de pollo : un foie de poulet
mondar : éplucher
picar : hacher
la hiel : le fiel
freír : faire frire
la cáscara : la coquille
la yema : le jaune
machacar : écraser
el mortero : le mortier
sofreír : faire revenir
rellenar : farcir
una fuente : un plat
el horno : le four

16 Les pronoms neutres

Traduisez en espagnol. *(AZ 98, 208, 211)*

1. D'abord, cela m'a surpris, mais ensuite j'ai trouvé cela naturel.
2. Tout cela, il ne l'avait pas oublié.
3. Tu l'ignorais ?
4. L'as-tu remarqué?
5. Je t'en prie, ne t'inquiète pas pour cela.
6. Il ne faut pas donner à cela trop d'importance.
7. La concierge avait tout vu.

8. Si le champion est fort, son adversaire ne l'est pas moins.
9. Il nous l'a promis.
10. Personne ne s'en souvient.

surprendre : asombrar
remarquer : fijarse en
s'inquiéter : preocuparse
donner de l'importance : conceder importancia
la concierge : la portera
promettre : prometer

17 Ordre et place des pronoms

Remplacez les compléments en gras par les pronoms personnels correspondants. *(AZ 213, 214)*

1. Escribidnos **el resultado** cuanto antes.
2. Explicarás **el problema a tu compañero**.
3. Harías bien ofreciendo **tu colaboración a los organizadores**.
4. A ver, ponte **ese gorro**.
5. No os impacientéis, os comunicaré **mi respuesta**.
6. No puedo decir **la verdad a esos desconocidos**.
7. Hay que remitir **estas facturas a nuestros clientes** esta tarde.
8. No vacilen más : pidan **a su minorista nuestros últimos modelos**.
9. Hice un buen negocio comprando **esa mesa al anticuario**.
10. Jorge se ha traído **este charango** de Bolivia.

cuanto antes : dès que possible
un gorro : un bonnet
un desconocido : un inconnu
remitir : expédier
un minorista : un détaillant
charango : petite guitare indienne

18 Les pronoms après une préposition

1. Faites du sport ... et complétez ! (AZ 208, 216)

1. A ... me han decepcionado los últimos resultados de nuestro equipo de baloncesto.
2. A ... ¿ no te gustaría practicar el judo ?
3. A ... no le da miedo tirarse desde diez metros : es un saltador.
4. A ... le han otorgado una beca para que se perfeccione : puede llegar a ser una gran gimnasta.
5. A ... le conviene hacer más ejercicio : Vd. tiene que adelgazar.
6. A ... siempre nos agrada ver un buen partido en la tele.
7. A ... les ha favorecido el árbitro ; por eso ganan esos tramposos.
8. A ... les fastidia hacer deporte : ¡son unas holgazanas!
9. ¿Les interesa a ... mantenerse en buena salud? Vengan Vds. a nuestro club.
10. A ... os encantan los deportes náuticos.

el baloncesto : le basket-ball
el saltador : le plongeur
otorgar : accorder
la beca : la bourse
adelgazar : maigrir
agradar : plaire
tramposo : tricheur
fastidiar : ennuyer
holgazán : paresseux

2. Traduisez. (AZ 208, 216)

1. Selon moi, il avait tort.
2. Même toi tu le disais.
3. En soi, la chose n'aurait pas beaucoup d'importance.
4. Mais avec lui, il faut être prudent.
5. Tout le monde le sait sauf toi.
6. Elle a emmené sa cousine en vacances avec elle.
7. Elle passe donc le séjour avec elle.
8. Ils se l'étaient réservée pour eux-mêmes.
9. Je voudrais bavarder avec vous, Mademoiselle.
10. Monsieur, si vous n'avez pas tous les documents avec vous, vous devrez revenir.

le séjour : la temporada
bavarder : charlar

19 Les constructions pronominales

Traduisez en utilisant des constructions pronominales. *(AZ 217)*

1. Le mécanicien est aidé par l'apprenti.
2. Ce médicament est vendu en pharmacie.
3. Il met ses chaussures de sport.
4. Tes mains tremblent.
5. Ma montre s'est arrêtée.
6. Ne passe pas ton temps à regarder la télé !
7. Quand elle avait trente ans, sa mère est morte.
8. Notre réfrigérateur est tombé en panne.
9. J'ai glissé sur les dalles humides.
10. Il but le verre d'un trait.

le mécanicien : el mecánico
l'apprenti : el aprendiz
un médicament : una medicina
les chaussures de sport : las zapatillas de deporte
trembler : temblar
s'arrêter : pararse
le réfrigérateur : el frigorífico
tomber en panne : averiarse
glisser : resbalar
une dalle : una baldosa
d'un trait : de un trago

20 VOUS

1. Un passant renseigne un touriste égaré. Mettez les verbes entre parenthèses au futur (usted). *(AZ 215)*

1. Primero (bajar) esta misma calle hasta el segundo semáforo.
2. (Torcer) a la derecha.
3. (Seguir) recto hasta la tercera bocacalle.
4. Luego, (tomar) a la izquierda.
5. (Pasar) al lado de un parque.
6. (Continuar) hasta una plazuela.
7. Ya en la plaza, (meterse) por una calle estrecha.
8. (Ir) a la plaza mayor, que está al fondo.
9. (Dar) la vuelta a la plaza.
10. Y (localizar) la oficina de turismo.

el semáforo : le feu de signalisation
torcer : tourner
recto : tout droit
la bocacalle : l'entrée d'une rue
meterse por : s'engager dans
dar la vuelta : faire le tour

2. Le passant s'adresse à un couple de touristes. Modifiez en conséquence les verbes de l'exercice précédent en les mettant à l'impératif. *(AZ 215)*

3. Des élèves accueillent des collégiens espagnols qui leur posent des questions ; retrouvez celles-ci à partir des réponses suivantes. *(AZ 215)*

1. Sí, solemos ir al colegio andando.
2. No, no trabajamos todos los días.
3. Descansamos los miércoles.
4. Empezamos a trabajar a las ocho.
5. Estudiamos diez asignaturas.
6. Sí, utilizamos un laboratorio de idiomas.
7. Sí, también tenemos clases de música.
8. Claro que practicamos varios deportes.
9. No, no comemos todos en el restaurante del colegio.
10. Sí, cuando salimos del colegio, nos queda mucho que hacer.

andando : à pied
descansar : se reposer
una asignatura : une matière

4. Complétez ces conversations, entendues dans un restaurant, par les pronoms personnels appropriés. *(AZ 208)*

1. - ¿Puedo sentarme aquí?
   - No señorita, ... no puede sentar ... aquí, esta mesa está reservada ; pero puedo instalar ... ahí, junto a la ventana, si ... conviene.

2. - Pasen ..., señores, aquí estarán ... cómodos. Enseguida ... traigo la carta.
   - ¿Qué nos puede ... recomendar?
   - Puedo recomendar... el plato del día.
   - Muy bien. Niños, ¿ ... queréis comer lo mismo que nosotros? ¿ ... apetece este plato?

3. - Por favor, camarero, que tengo prisa.
   - Sí señor, ahora mismo ... atiendo y ... traigo la cuenta.

estar cómodo : être à son aise	**el camarero :** le garçon
en seguida : tout de suite	**atender :** servir
apetecer : plaire	**la cuenta :** la note

21 ON

1. Reformulez sous une forme impersonnelle les étapes de la construction d'un barrage. *(AZ 181)*

Ex. : Fue planeada la construcción → Planearon la construcción.

1. Fueron hechos unos estudios previos.
2. Fue calculado el impacto ecológico.
3. Fue publicado el pliego de condiciones.
4. Fue elegido uno de los proyectos.
5. Fue abierta una carretera de acceso a las obras.
6. Fueron expropiados e indemnizados unos habitantes del valle.
7. Fue construida la presa en dos años.
8. Ha sido inaugurada este año.
9. Han sido acondicionadas las orillas.
10. Será utilizada para abastecer la comarca de agua y electricidad.

planear : projeter	**acondicionar :** aménager
previo : préalable	**la orilla :** la berge
el pliego de condiciones : cahier des charges	**abastecer de :** fournir en
	la comarca : la contrée

2. Rédigez sous forme d'annonce impersonnelle (se) ***les propositions suivantes.*** *(AZ 181)*

1. Vendo un piano de cola en excelente estado.
2. Buscamos una estudiante para compartir un piso cercano a la universidad.
3. Compro antiguëdades.
4. Necesitamos dos redactores.

5. Precisamos un albañil para hacer reformas.
6. Nuestra sociedad vende un local comercial de dos plantas, muy céntrico.
7. Vendemos viviendas con precio tasado.
8. Contratamos cocineros con experiencia profesional.
9. Alquilo una camioneta para repartos.
10. Hago investigaciones genealógicas.

la cola : la queue
compartir : partager
un albañil : un maçon
reformas : des transformations
la planta : l'étage
céntrico : central
tasado : plafonné
alquilar: louer
un reparto : une livraison

3. *Traduisez en employant* nosotros. *(AZ 181)*

1. Samedi après-midi, on a fait des courses.
2. On est parti après le déjeuner.
3. On a laissé la voiture au parking.
4. On a beaucoup marché.
5. On a regardé les vitrines.
6. On est entré dans plusieurs magasins.
7. Comme il y avait beaucoup de monde, on a dû attendre en plusieurs endroits.
8. Ensuite, on est allé dans un café prendre un rafraîchissement.
9. On n'a pas touvé tout ce qu'on cherchait.
10. Quand on est rentré à la maison, on était fatigué.

faire des courses : ir de compras
partir : salir
le déjeuner : el almuerzo
le parking : el aparcamiento
la vitrine : el escaparate
l'endroit : el sitio
un rafraîchissement : un refresco
rentrer : volver

4. Transformez les phrases précédentes pour exprimer ce programme sous forme de généralité (**se**; verbe au présent). *(AZ 181)*

5. *Un porte-parole du secteur touristique en crise répond aux journalistes. Commencez par* uno ***et modifiez le verbe en gras.*** *(AZ 181)*

1. No **plantear** el problema de esta manera.
2. No **achacarlo** todo al precio de los hoteles.
3. **Pensar** que el boom no era tal como lo pintaban.
4. **Estimar** que los precios de las ofertas turísticas han subido demasiado.
5. **Considerar** precaria la situación de ciertos hoteles.
6. No **poder** aceptar tanta falta de profesionalidad en algunas partes.
7. **Temer** que el paro vaya aumentando en determinadas zonas.
8. **Mantener** que es preciso implantarse en otros países.

plantear : poser
achacar : attribuer
pintar : dépeindre
el paro : le chômage

6. *Traduisez "on" en employant* se ***et*** uno, -a. *(AZ 181)*

1. Parfois, on se lève de bonne heure.
2. On entreprend un travail considérable.
3. On se sent soulagée après avoir résolu un problème.
4. On envisage de nouvelles activités.
5. On se promet de ne pas commettre les mêmes erreurs.

soulager : aliviar
envisager : planear

7. *Relevez les différentes tournures équivalant à* on. *(AZ 181)*

J. Fernández Santos, *Libro de las memorias de las cosas*

Voy bajando hasta donde empieza la niebla, donde sí que hay que ir bien abrigada, aunque se esté acostumbrada a estos sitios. [...] A esa hora no se ve ese molino roto que se llevó la riada y que nunca más volvieron a levantar. [...] A veces, si la niebla [...] no es ya demasiado espesa, pueden adivinarse esos arcos tan raros que todo el mundo encomia tanto [...].

- ¿Y no le da a usted miedo andar por ahí sola, a esas horas?

- No; no mucho. Al principio un poco, pero luego se acaba una acostumbrando.
- Pero pueden darla un buen susto algún día.

22 EN et Y

Traduisez. *(AZ 99, 283)*

1. Pour fabriquer le pain, on utilise généralement de la farine de blé ; il y en a qui mélangent différentes sortes de farines pour obtenir des pains spéciaux.
2. Le boulanger stocke la farine puisqu'il en utilise beaucoup.
3. Pour chaque fournée, il en prend la quantité nécessaire et la met dans le pétrin mécanique.
4. Il y met aussi de l'eau et du sel.
5. Il commence à mélanger les ingrédients et il y ajoute le levain.
6. Il pétrit longuement la pâte et en prélève un morceau qui servira pour une autre fournée.
7. Il divise la pâte : il en fait des pains ; il laisse la pâte lever.
8. Après avoir chauffé le four, il y introduit les pains.
9. Il les en sort quand ils sont cuits.
10. S'il fait du bon pain, il en vendra beaucoup.

la farine : la harina
le blé : el trigo
mélanger : mezclar
le boulanger : el panadero
stocker : almacenar
la fournée : la hornada
le pétrin : la amasadera
le sel : la sal
cuire : cocer
ajouter : añadir
le levain : la levadura
pétrir : amasar
prélever : sacar
un morceau : un trozo
diviser : dividir
lever : fermentar
chauffer : calentar

A. *Choisissez la bonne réponse (ajoutez un accent écrit s'il y a lieu).*

1. ¿Eres … quien gritas tanto?
   a. ti *b.* tú *c.* te
2. … hemos estudiado su obra en clase.
   a. nos *b.* os *c.* nosotros
3. … es especialista del tema.
   a. el *b.* él *c.* ello
4. El cartero … trae un paquete.
   a. le *b.* ella *c.* lo
5. El gato … ha arañado la mano.
   a. mi *b.* mí *c.* me
6. No consigo aprender …
   a. lo *b.* ello *c.* le
7. Estas flores, … he cortado.
   a. yo te *b.* te las *c.* te les
8. No puedo …
   a. deciros lo *b.* decíroslo *c.* decir os la
9. … que pasen al salón.
   a. pídalos *b.* pídale *c.* pídales
10. … usted.
    a. instáleos *b.* se instale *c.* instálese
11. …. vendió caros.
    a. te les *b.* le los *c.* te los
12. El español, … dominas perfectamente.
    a. le *b.* te *c.* lo
13. Es buen pedagogo : … explicará con claridad.
    a. lo le *b.* se lo *c.* le lo
14. Tengo que … antes del sábado.
    a. se los devolver *b.* devolvérlelos *c.* devolvérselos
15. … cae el pelo.
    a. se *b.* lo *c.* se le
16. A Sebastián … duele una muela.
    a. le *b.* se *c.* lo
17. A tus amigos no … interesa jugar con …
    a. les / nosotros *b.* le / nosotros *c.* los / contigo
18. Yo me llevo bien …
    a. conmigo *b.* contigo *c.* consigo

19. … se habrán enterado de …
a. ellos / ello *b.* ellas / lo *c.* ellos / el
20. A cualquier sitio que vaya, … lleva al perro …
a. se / con él *b.* me / consigo *c.* se / consigo
21. A usted, no … encuentro muy cambiada.
a. le *b.* la *c.* se
22. No le costará a … mucho.
a. sí *b.* usted *c.* ustedes
23. A ustedes no … convendrá esta situación.
a. les *b.* os *c.* le
24. ¿Tan pronto … vais?
a. vos *b.* os *c.* ustedes
25. … han de … a la entidad competente.
a. Uds. / dirigirse
b. Uds. / dirigiros
c. vosotros/ dirigiros

B. Mettez le verbe entre parenthèses au présent en utilisant un équivalent de on.

1. (Rodar) una película en el barrio.
2. (Plantar) los árboles en otoño.
3. Me lo (reprochar).
4. Así (evitar) males mayores.
5. (Oír) ruido detrás de la puerta.
6. Entonces es cuando (darse) cuenta de las consecuencias de tal postura.
7. Advertencia : (atender) al público sólo por las mañanas.
8. (Acabar) de instalarle el teléfono.
9. (Tener) que cumplir sus promesas.
10. Aquí, no (poder) protestar.

rodar : tourner
el barrio : le quartier
la postura : la position
la advertencia : l'avis
atender : recevoir
cumplir : tenir
despedir : renvoyer

23 Emploi général des prépositions

1. Una bola y un cubo ... ¿Dónde está la bola?
(AZ 28, 48, 101, 105, 247, 267)

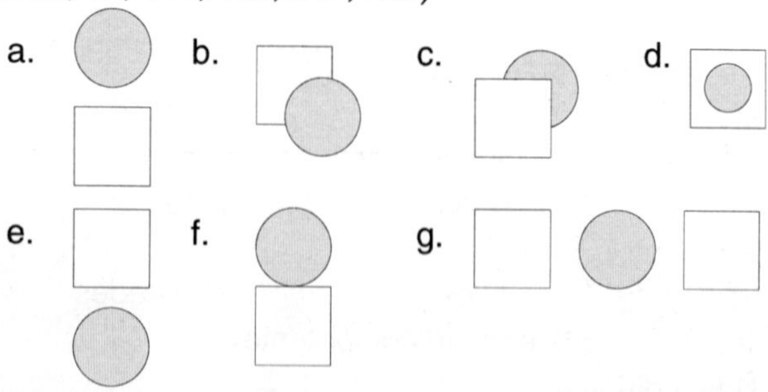

2. Choisissez entre adelante, arriba, atrás, debajo de, delante de, detrás de, detrás, tras, en, encima de, entre, hacia, hasta ***pour compléter les phrases.***
(AZ 28, 48, 101, 105, 247, 267)

1. Tienes que trabajar ... el coche para cambiar el tubo de escape.
2. Voy a sacar el coche. No te quedes ... el garaje.
3. En el coche, siempre sentamos a los niños ... nosotros.
4. Pon este bolso en el asiento de atrás, ... los niños, queda sitio.
5. Deja el casete ... el salpicadero.
6. Enciende la luz de techo que está ... ti para mirar el mapa.
7. Vuélvete, no se puede leer la matrícula del coche que está ... .
8. El aparcamiento está completo en esta planta, sube, vamos a ver ... .
9. Sigue ... y tuerce a la derecha.
10. Aquí mismo, hay un sitio, da marcha ... .
11. ... preparar las maletas tuvo que limpiar el coche.
12. Me quedo aquí ... las siete.
13. Se avanzó ... nosotros sonriendo.

el tubo de escape : le tuyau d'échappement
el salpicadero : le tableau de bord
la matrícula : l'immatriculation
el aparcamiento : le parking
la planta : l'étage
torcer : tourner

24 *A* devant le COD

Complétez les phrases suivantes en employant a (al) ***s'il y a lieu.*** *(AZ 1)*

1. Ella avisará ... Lázaro, que me reservará una habitación.
2. Buscamos ... profesionales que apoyarán ... el jefe de tienda.
3. Yo no me acercaba al pueblo ni veía apenas ... nadie.
4. .... Pablo le escandalizaba esto.
5. Atravesábamos ... bosquecillos apretados.
6. Hablaba con voz baja para no turbar ... alguien que dormía.
7. Ella parecía olvidar ... mi presencia.
8. Ellos andaban siguiendo ... los perros.
9. ¿A que no sabéis ... quién acabo de ver?
10. Déjame ... mí, que sabré aconsejarte.
11. Él siempre andaba molestando ... unos y otros.
12. Allí, respirábamos ... un aroma delicioso.
13. Con su jovialidad trataba de animar ... el enfermo.
14. Las vigas del techo proyectaban ... sombras gigantescas.
15. Reunió ... todos los hombres para organizar la caza.
16. Este armario sustituye ... que mi tío me había dado.
17. Su sonrisa descubrió ... unos dientes preciosos.
18. Empresa líder en su sector busca ... vendedor para Madrid.
19. Le quiere ... Vd. más que ... la niña de sus ojos.
20. Cogió ... su amigo del brazo.

avisar : prévenir
apoyar : seconder
el jefe de tienda : le chef de magasin
apretado, a : serré, e
turbar : troubler
a que... : je parie que...
aconsejar : conseiller
molestar : ennuyer
animar : encourager
la viga : la poutre
el techo : le plafond
proyectar : projeter
la niña : la prunelle

25 *A* et *EN*

Partir en voyage … Choisissez entre a (al) ***et*** en. *(AZ 2)*

1. Bajamos … la orilla del río para pasear.
2. Un barco se acercaba … el muelle.
3. El barco había sido construido … Las Palmas.
4. Atracó … la desembocadura del río.
5. Los marineros se decidieron … bajar.
6. Voy … irme con vosotros, les dije.
7. Subí … la cubierta y me senté … una borda.
8. Antes de irme … dormir, eché una ojeada … el mapa.
9. … la popa ondeaba una bandera.
10. Nos fuimos … busca de aquel tesoro.

la orilla : la rive
el muelle : le quai
atracar : s'amarrer
la desembocadura : l'embouchure
la cubierta : le pont (bateau)
la borda : le bastingage
el mapa : la carte
la popa : la poupe
ondear : ondoyer
la bandera : le drapeau

26 *POR* et *PARA*

Choisissez entre por ***et*** para. *(AZ 185, 197, 198)*

1. Lo digo … resumir la complejidad del problema.
2. ¿Hemos hecho lo necesario … conseguir medallas?
3. Optamos … el material más robusto.
4. Se fue … la calle del Pintor Fortuny.
5. Siguieron buscando aquel libro … el Rastro.
6. Quiero hablar de su actitud … con nuestros amigos.
7. Esta decisión no es buena … nosotros.
8. Fue conducido … el secretario hasta el despacho.
9. Me pedían 40000 pesetas … aquel ejemplar raro.
10. No es … mí, es demasiado caro.

la complejidad : la complexité
conseguir : obtenir
el Rastro : le marché aux puces
el despacho : le bureau

27 Constructions prépositionnelles

Au club de sport ... Complétez les phrases. *(AZ 271)*

1. Se afanaba ... ir al gimnasio cada semana.
2. Se fiaba ... los consejos del profesor.
3. Te contentabas ... una hora de ejercicio.
4. Cuidabas ... que nadie te interrumpiera.
5. Se empeñaba ... conseguir un cuerpo esbelto y ágil.
6. Se agarraba ... la espaldera y levantaba las rodillas.
7. Me preocupo mucho ... mi peso.
8. Vacilaba ... repetir aquel ejercicio.
9. Se divertía ... saltar a la comba.
10. Concluía ... quince minutos en la bicicleta estática.

afanarse : s'efforcer
fiarse : se fier
empeñarse : s'obstiner
agarrarse : s'accrocher
la espaldera : l'espalier
la rodilla : le genou
saltar a la comba : sauter à la corde
una bicicleta estática : un vélo d'appartement

É V A L U A T I O N 4

Entourez la bonne réponse.

1. Las gafas están ... el contestador.
   a. sobre — *b.* encima — *c.* debajo
2. Cuando pueda iré ... visitar ... Elena.
   a. a/Ø — *b.* Ø/a — *c.* a/a
3. Pon el cubo ... del grifo.
   a. bajo — *b.* debajo — *c.* abajo
4. Anda, date prisa, no te quedes ... de mí.
   a. atrás — *b.* tras — *c.* detrás
5. Preferimos pasar las vacaciones ... Alicante.
   a. a — *b.* en — *c.* hasta
6. Se apoyaba ... la pared.
   a. en — *b.* a — *c.* por
7. Yo estaba pensando ... ello.
   a. a — *b.* por — *c.* en

8. El trabajo estará terminado ... las ocho.
   a. hasta   *b.* en   *c.* alrededor de
9. ... ayer no podía estar seguro de ello.
   a. hacia   *b.* hasta   *c.* a
10. Es imposible ... comprender lo que quieres.
   a. Ø   *b.* de   *c.* a
11. Resultaba ineficaz tratar ... imponerle algo.
   a. Ø   *b.* de   *c.* en
12. Aquel jardín olía ... azahar.
   a. a   *b.* Ø   *c.* al
13. No puedo contar ... su apoyo.
   a. sobre   *b.* con   *c.* en
14. Nos moríamos ... asistir a aquella representación.
   a. para   *b.* por   *c.* en
15. Asió al perro ... cuello.
   a. al   *b.* del   *c.* con el
16. El pastel que he comido sabe ... menta.
   a. a   *b.* de   *c.* la
17. A pesar de todo, eso era difícil ... aceptar.
   a. de   *b.* Ø   *c.* a
18. ¿Estás listo? Nos están esperando ... con el coche.
   a. debajo   *b.* bajo   *c.* abajo
19. ... cinco mil pesetas, ya lo habría comprado.
   a. por   *b.* a   *c.* para
20. ... un periodo de reflexión, firmó el contrato.
   a. después   *b.* tras   *c.* atrás

1. Mettez le verbe entre parenthèses au présent de l'indicatif. *(AZ 206)*

1. Yo … a las siete. (levantarse)
2. Ellos … su reloj. (consultar)
3. Pablo y Fernanda … juntos. (cenar)
4. Nosotros no … lo que tú … . (admitir) (pretender)
5. El que … es mi hermano. (acercarse)
6. El diputado … en un mitin. (participar)
7. Esos países … más y … más. (producir) (vender)
8. Tú … este detalle que yo no … . (añadir) (comprender)
9. Vosotros siempre … muy temprano. (salir)
10. Ellos de vez en cuando … promesas. (hacer)

2. Mettez les verbes entre parenthèses au présent de l'indicatif (1re pers. sing.). *(AZ 183, 277)*

1. (dirigir) las investigaciones.
2. (elegir) otra carta.
3. (coger) las llaves y la maleta.
4. (proseguir) contando el suceso.
5. (esparcir) las semillas con cuidado.
6. Lo (cocer) a fuego lento.
7. (corregir) todos los errores.
8. (vencer) los peligros.
9. (ejercer) un oficio poco corriente.
10. (seguir) los consejos del especialista.

3. Mettez les verbes entre parenthèses au présent de l'indicatif (1re pers. sing.). *(AZ 206 et p. 273)*

1. No … en la cuenta de lo que dices. (caer)
2. En eso no te … la razón. (dar)
3. Se lo … solemnemente. (decir)
4. No te … , habla más alto. (oír)
5. … lo que me da la gana. (hacer)
6. … al cine cada semana. (ir)
7. Hoy no … este jersey. (poner)
8. No … lo que te puedo contestar. (saber)

9. … de la oficina a las tres. (salir)
10. … muy preocupado. (venir)

caer en la cuenta : comprendre **la gana :** l'envie

4. Mettez les verbes entre parenthèses au présent de l'indicatif. (AZ 276, 277)

1. Los ciudadanos … su dimisión. (pedir)
2. Nosotros lo … en serio. (decir)
3. Ese líder … dispuesto a dialogar. (mostrarse)
4. Vosotros no … que tomen en cuenta vuestras reclamaciones. (conseguir)
5. El plazo no … exceder del mes y medio. (soler)
6. Si el descuido … lo señalaremos. (repetirse)
7. Tú no … a lo convenido. (referirse)
8. Eso … en una idea fija. (convertirse)
9. ¿Por qué no lo … el Gobierno?(desmentir)
10. Yo no … de haberlo visitado. (arrepentirse)
11. Yo no le … por esa futilidad. (reñir)

conseguir : parvenir à
el plazo : le délai
soler : avoir l'habitude de
arrepentirse : se repentir

5. Classez les verbes selon leur irrégularité au présent de l'indicatif. (AZ 206, 274)

aprobar, referir, meter, presentir, preceder, hervir, ceñir, concebir, volar, atender, decorar, transferir, devolver, recibir divertir, manifestar, vestir, reñir, robar, perder, elegir, respetar, requerir, medir

verbes en -*ar*, -*er*, -*ir*	verbes en -*ar* et -*er*	verbes en -*ir*	
verbes réguliers	diphtongaison ***e>ie*** ou ***o>ue***	***e>i*** modèle ***pedir***	***e>ie*** modèle ***sentir***

6. Mettez les verbes entre parenthèses au présent de l'indicatif. *(AZ 273, 275, 278)*

1. Yo no ... a nadie. (desafiar)
2. El contable ... el aumento de las ventas. (evaluar)
3. Yo no ... aquí. (permanecer)
4. Pablo ... el coche cada sábado. (limpiar)
5. Lo que dices me ... . (contrariar)
6. Este problema ... a otro nivel. (situarse)
7. Yo ... una novela mexicana. (traducir)
8. ¿Qué ... tú? (insinuar)
9. Yo ... un resumen. (hacer)
10. Así ... yo el consumo de gasolina. (reducir)
11. Ellos ... al éxito del proyecto. (contribuir)
12. El entrenador ... al delantero centro. (sustituir)
13. El contrato ... una garantía total. (incluir)
14. Yo se lo ... . (proponer)
15. Ella ... el currículum a dos empresas. (enviar)

desafiar : défier
permanecer : demeurer
el delantero centro : l'avant-centre

7. Traduisez. Les verbes sont tous employés dans les exercices précédents. Cherchez bien ! *(AZ 274)*

1. Je démens cette affirmation.
2. Il défie ses amis.
3. Nous choisissons un autre projet.
4. Ils se disputent tous les jours.
5. Tu te lèves à huit heures.
6. Elle décore son appartement.
7. Je prends deux costumes.
8. Je remplace le verre cassé.
9. Je propose une autre solution.
10. Elles ne conçoivent pas d'autre réponse.

8. Mettez les verbes en italique au présent de l'indicatif. *(AZ 274)*

RAMÓN GÓMEZ DE LA SERNA, *El doctor inverosímil*

Me *llamaron* de casa de un viejo amigo de café. No *tenía* nada, sino miedo; y para guardarle del miedo *consentí* en pasar aquella noche trabajando en su despacho mientras él *dormía* tranquilo sabiendo que yo *estaba* en la casa. [...] En el despacho yo *miraba* los cuadros, que *eran* iluminados por la lámpara de pantalla abierta por arriba. *Parecía* que les *servían* la luz unas candilejas potentes. [...] Sobre todo un retrato me *miraba* con súplica [...] La bella joven del cuadro me *estaba* guiñando un ojo siempre que *levantaba* la mirada hacia ella. Después, cuando yo me *quedaba* fijo en sus ojos, éstos no se *movían*.

una lámpara de pantalla : une lampe à abat-jour	**una candileja :** un projecteur **guiñar un ojo :** faire un clin d'oeil

29 L'impératif

1. Mettez les verbes à l'impératif. *(AZ 141)*
asumir, traspasar, salir, hacer, intentar, ofrecer, poner, tener, venir, decir

1. tú : ... 2. Vd. : ... 3. vosotros : ...

2. Mettez les verbes à l'impératif. *(AZ 142)*
prepararse, hacerse, subirse, reponerse, salirse, volverse, defenderse, servirse, conducirse, irse

1. tú : ... 2. Vd. : ... 3. Vds. : ...
4. nosotros : ... 5. vosotros : ...

3. Vous prêtez votre tondeuse à gazon à un ami : donnez-lui des conseils en employant l'impératif et tú. *(AZ 141)*

1. No trabajar a menos de diez metros de los niños.
2. Utilizar siempre gasolina mezclada con aceite.
3. Cargar el depósito con cuidado.
4. No fumar al echar gasolina.
5. Agarrar firmemente el asa.
6. Tirar hasta que arranque el motor.
7. Calentar el motor durante unos minutos antes de usarlo.
8. Ir con cuidado en las pendientes.

9. No procurar terminar lo más pronto posible.
10. No olvidarse de limpiar el cortacéspedes.

la gasolina : l'essence
el aceite : l'huile
cargar el depósito : remplir le réservoir
echar : verser
agarrar : saisir
el asa : la poignée
arrancar : démarrer
la pendiente : la pente
el cortacéspedes : la tondeuse à gazon

4. Une diététicienne donne à un(e) client(e) quelques conseils pour conserver un poids idéal! Employez le vous ***de politesse.*** *(AZ 141)*

1. No consumir azúcar en terrones.
2. Desconfiar de las salsas.
3. Reemplazar la mantequilla por margarina de girasol.
4. Consumir leche descremada.
5. Comer mucho pescado.
6. Tener cuidado con los postres.
7. Beber lo menos posible durante las comidas.
8. Intentar no comer mucho pan.
9. No beber sodas o bebidas gaseosas.
10. Tomar café descafeinado.
11. No comer deprisa y masticar bien.
12. No saltarse ninguna comida.
13. Dar preferencia a las verduras.

azúcar en terrones : sucre en morceaux
desconfiar : se méfier
la mantequilla : le beurre
el girasol : le tournesol
el postre : le dessert
las verduras : les légumes

5. Elle donne les mêmes conseils à un(e) ami(e) : utilisez le tutoiement. *(AZ 141)*

6. Répondez affirmativement à l'impératif aux questions d'un collègue. *(AZ 142)*

1. Señor, ¿le traigo el catálogo?
2. ¿Le envío una muestra al señor Fonseca?
3. ¿Aumentamos la producción?
4. ¿Desarrollamos nuestra nueva estrategia?

5. ¿Quiere Vd. que le reserve un billete?
6. ¿Le explico todas las ventajas de esta nueva fórmula?
7. ¿Reducimos esta actividad?
8. ¿Hago un intento de venta por correo?
9. ¿Mando una carta certificada?
10. ¿Empezamos la fabricación?

una muestra : un échantillon
la ventaja : l'avantage
la venta por correo : la vente par correspondance
una carta certificada : une lettre recommandée

7. Retrouvez les proverbes suivants dont les verbes sont à l'impératif (tutoiement). *(AZ 141, 142)*

1. No ... y no serás engañado. (fiarse)
2. No ... mancha que sale con agua. (temer)
3. Ni ... sin ver, ni ... sin leer. (beber, firmar)
4. ... el bien y no ... a quien. (hacer, mirar)
5. Ni ... , ni ... , ni ... lo incierto por lo cierto. (fiar, porfiar, prometer)
6. Cuando las barbas de tu vecino veas pelar, ... las tuyas a remojar. (poner)
7. ... pan para mayo y leña para abril y ... a dormir. (buscar, echarse)
8. ... con quien andas y te diré quien eres. (decirme)
9. No ... para mañana lo que puedes hacer hoy. (dejar)
10. ... del malo, que trae daño. (huir)

fiarse : se fier, avoir confiance
engañar : tromper
porfiar : s'entêter
pelar : couper
remojar : tremper
la leña : le bois

1. Mettez les verbes à l'infinitif puis à l'imparfait de l'indicatif (1re pers. sing.). *(AZ 138)*

1. conozco : ... , ...
2. construyo : ... , ...
3. desarrollo : ... , ...
4. hago : ... , ...
5. salgo : ... , ...
6. estoy : ... , ...
7. doy : ... , ...
8. prefiero : ... , ...
9. digo : ... , ...
10. cuezo : ... , ...
11. trato : ... , ...
12. adquiero : ... , ...
13. vuelvo : ... , ...
14. enciendo : ... , ...
15. presiento : ... , ...
16. deduzco : ... , ...
17. apruebo : ... , ...
18. voy : ... , ...
19. veo : ... , ...
20. presento : ... , ...
21. aprieto : ... , ...

2. Mettez les verbes à l'imparfait de l'indicatif. *(AZ 138)*

1. reivindican
2. reveláis
3. acogen
4. piensas
5. aplaudís
6. complacemos
7. vengo
8. sé
9. empeñamos
10. hace
11. aprendéis
12. soportas

3. Mettez les verbes en italique à l'imparfait de l'indicatif dans les 3 textes suivants. *(AZ 138)*

1. Estas plantas *necesitan* muy poca tierra y *crecen* en los recovecos donde se *acumula* la lluvia. Como apenas *tienen* raíces se *alimentan* a través de las hojas; por eso se *han* de pulverizar a menudo. *Requieren* una buena iluminación, pues, de lo contrario, *pierden* el colorido de las hojas. El calor *favorece* su crecimiento.

el recoveco : le recoin
la raíz : la racine
de lo contrario : dans le cas contraire

2. *Son* poco más de las seis de la mañana y *hace* frío. Los faros del camión de Pablo se *deslizan* sobre las casas del pueblo que *despiertan* lentamente. Un ciclomotor cuyos días *están* contados *atraviesa* la localidad. Pablo *conoce* el frío del amanecer en primavera y *tirita* a pesar del jersey y de la gorra. Después de parar el camión *entra* en el bar de Jaime y *toma* un café con leche. *Supone* un rodeo acudir allí, pero *viene* cada día: *es* el

lugar de cita de sus amigos. Con la salida del sol *comienza* el trabajo en el campo. *Hay* que marcharse. Antes de salir, Pablo *reúne* las monedas que *están* en la barra y *saluda* a Jaime.

deslizarse : glisser
despertar : se réveiller
tiritar : grelotter
la gorra : la casquette
un rodeo : un détour
la cita : le rendez-vous
la barra : le comptoir

J. Tomeo, *Amado monstruo*

3. - No *resulta* fácil responder con cuatro palabras y me *encojo* de hombros. Le *veo* sonreír levemente, como si aceptase y comprendiese hasta cierto punto las inhibiciones y timideces de los candidatos. *Establece* una breve pausa y *repite* luego que *necesita* conocer todos los detalles de la vida de los aspirantes a trabajar en el Banco, porque esos detalles (...) *suelen* proyectarse luego ampliados sobre el quehacer cotidiano, con todo lo que ello *puede* significar (...).

encogerse de hombros : hausser les épaules
nimio, a : insignifiant, e
ampliar : amplifier
el quehacer : la tâche

31 Le passé simple

1. Mettez les verbes en gras au passé simple. *(AZ 190)*

1. **Pierden** dos horas en los atascos.
2. Ambos **empiezan** a deambular por las calles.
3. No **recobra** la ciudad su aspecto habitual.
4. Él **aborda** a un guardia y le **pide** una aclaración.
5. **Llega** a mis oídos el rumor del puerto.
6. Me **dirijo** a la mesa y me **siento**.
7. Te **acercas** al cuadro.
8. **Vuelven** a enfrascarse en su conversación.
9. **Consulto** mi reloj.
10. Me **recibe** el director.

2. Mettez les verbes en italique au passé simple. *(AZ 190)*

El nuevo modelo que *sale* en abril *representa* la mejor baza de la marca X que *compite* con los constructores de coches de prestigio. *Alcanza* una buena eficacia aerodinámica y *consigue* una gran personalidad frente a sus rivales. *Llama* la atención por su confort y su velocidad punta. Se *ofrece* con dos motores que *destacan* por su concepción equilibrada. Le *proporcionan* un comportamiento homogéneo y le *permiten* afrontar los viajes largos sin cansancio para los pasajeros.

la baza : l'atout
competir : rivaliser
la velocidad punta : la vitesse de pointe

3. Mettez les verbes à l'infinitif, puis au passé simple. *(AZ 190, 277, 278)*

1. lleva : … , …
2. corremos : … , …
3. advierte : … , …
4. aceptan : … , …
5. resisto : … , …
6. aparecéis : … , …
7. eliges : … , …
8. sales : … , …
9. concluyen : … , …
10. evalúa : … , …
11. vuelve : … , …
12. valemos : … , …
13. se arriesga : … , …
14. cierras : … , …
15. entiendo : … , …
16. pide : … , …
17. prefiere : … , …
18. sirven : … , …
19. mienten : … , …
20. escojo : … , …
21. hemos : … , …
22. empiezo : … , …
23. debo : … , …
24. opinas : … , …

4. Mettez les verbes au passé simple. *(AZ 190 et p. 273)*

1. vienes : …
2. traéis : …
3. van : …
4. sabes : …
5. quieren : …
6. pueden : …
7. ponen : …
8. dan : …
9. soy : …
10. haces : …
11. digo : …
12. deduzco : …
13. conducen : …
14. oye : …
15. hemos : …
16. traducen : …
17. interviene : …
18. tengo : …
19. cae : …
20. andamos : …
21. distraen : …
22. propones : …
23. ríe : …
24. leen : …

5. Mettez les verbes en gras au passé simple. *(AZ 190)*

1. Se **sosiega** cuando se lo **explicas**.
2. Se **van** en autobús y **regresan** en taxi.

3. **Llegan** a un pueblo que les **parece** abandonado.
4. **Vuelven** a su barco y se **preparan** a izar las velas.
5. Me **ofrecen** lo necesario para la expedición y me **voy**.
6. **Escucho** lo que me **dice** pero no lo **creo**.
7. Se **levanta** y **abre** la puerta cuando **cree** oír pasos.
8. Luego que lo **ve**, lo **conoce**.
9. No bien **regresa**, cuando **acude** su familia.
10. Claro que yo no lo **digo** a nadie.

6. Mettez les verbes entre parenthèses au passé simple. *(AZ 190)*

1. Ella me … (dar) las gracias por el libro que le … (traer).
2. Él … (arrancar) el coche y … (recorrer) la avenida.
3. Yo … (conseguir) alcanzarlo cuando … (doblar, *3e pers. sing.*) la esquina.
4. Tú … (tropezar) en una raíz y … (caer).
5. Yo … (preferir) tenderme y … (descabezar) un sueño.
6. Me … (despertar) un señor poco amable que me … (reñir).
7. Ella … (lamentar) no haber hecho lo que nosotros le … (aconsejar).
8. Nosotros … (pagar) la carrera al taxista.
9. Yo … (localizar) la puerta y … (tocar) el timbre.
10. Él no … (escatimar) elogios hacia sus competidores.

arrancar : démarrer
recorrer : parcourir
doblar la esquinar : tourner au coin de la rue
tropezar : buter
la raíz : la racine
descabezar un sueño : faire un somme
lamentar : regretter
escatimar : ménager

7. Mettez les textes suivants au passé simple. *(AZ 190)*

1. Me *da* en la cara el aire frío y en el andén de la estación *anuncian* la llegada del Talgo que sólo se *detiene* dos minutos. Cuando el tren se *acerca* el eco de sus motores se *pierde* en la hondura del valle. Se *apea* mi hermano. Le *abrazo*, *cojo* su maleta y me *sigue* hasta el taxi que *arranca* y *tuerce* a la derecha por la Avenida del 2 de mayo.

la hondura : la profondeur
apearse : descendre
torcer : tourner

2. No *puedo* prestarle mucha atención, y él lo *intuye*, de manera que *habla* despacio, llenando las minúsculas tazas en cuanto se *vacían*. *Parece* hurgar en algo que no *comprendo*, algo personal, aunque no me *está* pidiendo la opinión. No *entiendo* lo que *dice*, quizás por el abandono de los últimos días. ¿O se *refiere* a mí?

intuir : deviner
en cuanto : dès que
vaciar : vider
hurgar : fouiller

32 Le futur de l'indicatif

1. Mettez les verbes à l'infinitif puis au futur. (AZ 123)

1. viajas : ..., ...
2. puedes : ..., ...
3. cabes : ..., ...
4. saltas : ..., ...
5. vienes : ..., ...
6. haces : ..., ...
7. corres : ..., ...
8. pones : ..., ...
9. dices : ..., ...
10. tienes : ..., ...
11. sabes : ..., ...
12. vales : ..., ...
13. subes : ..., ...
14. prefieres : ..., ...
15. has : ..., ...
16. quieres : ..., ...
17. encuentras : ...; ...
18. sales : ..., ...

2. Mettez les phrases au futur. (AZ 123)

1. Le entrego el informe y le acompaño a la puerta.
2. El interior del coche huele a tabaco.
3. Salen de la oficina y esperan el autobús.
4. Me indicas la calle y te dejo delante de tu casa.
5. Pablo me dice adiós y me sonríe.
6. Ya ves, maldices a los canallas del serial.
7. Me siento a su lado y le alcanzo el libro.
8. No te conmueve el final de esta película.
9. Prefiere leer una hora.
10. No lo admite a pesar de tus argumentos.

entregar : remettre
el informe : le rapport
el canalla : le bandit
el serial : le feuilleton
alcanzar : tendre

3. Vous donnez une recette à un(e) ami(e)! Employez le futur (tú). *(AZ 123)*

Bacalao en brandada de puerros

Limpiar el bacalao y **trocearlo**. **Desalarlo** en agua durante 24 horas. En una cacerola con agua **colocar** el bacalao con las hierbas y **cocer** 10 ó 15 minutos. **Escurrir** y **desmigar** el bacalao y **añadir** el aceite de oliva. **Limpiar** los puerros. **Cortar** las cebollas y el apio. **Cocer** en agua hirviendo durante treinta minutos, y **escurrir**. **Batir** las hortalizas, **añadir** cuatro yemas, la nata y **salpimentar**. En una fuente **extender** el puré y el bacalao. **Hornear** 25 minutos a 200 grados. **Espolvorear** el gruyere, **gratinar** y **servir**.

el puerro : le poireau
el bacalao : la morue
trocear : découper
escurrir : égoutter
desmigar : émietter
la cebolla : l'oignon
el apio : le céleri
batir : mélanger, mixer
las hortalizas : les légumes
la yema : le jaune d'oeuf
salpimentar : assaisonner
hornear : mettre au four
espolvorear : saupoudrer

4. Le texte suivant a perdu ses verbes au futur : remettez-les à leur place ! *(AZ 123)*
cubrirán, encontraré, entraré, gritaré, hará, moverá, parecerá, sucederá, volveré

GONZALO TORRENTE BALLESTER, *Fragmentos de apocalipsis*

De modo que no … en el self service ni … la alarma, sino que … sobre mis pasos hasta entrar otra vez en la plaza, bajo la torre de la Compañía y los magnolios, con intención de reintegrarme a mi despacho y seguir trabajando en mi edición bilingüe de *La saga de Enrique el Rojo*. Pero … que el bedel habrá cerrado ya la puerta, y yo me … desamparado [...]. La ciudad … vacía, pero el aire … las banderas [...] y … remolinos con los papeles que casi … el asfalto.

el despacho : le bureau
el bedel : l'appariteur
un remolino : un tourbillon

33 Le conditionnel présent

1. Mettez les verbes à la 3e personne du singulier du futur et du conditionnel. *(AZ 68)*

1. caber : ..., ...
2. decir : ..., ...
3. haber : ..., ...
4. poder : ..., ...
5. poner : ..., ...
6. preferir : ..., ...
7. preparar : ..., ...
8. salir : ..., ...
9. subir : ..., ...
10. conocer : ..., ...
11. hacer : ..., ...
12. querer : ..., ...
13. saber : ..., ...
14. tener : ..., ...
15. valer : ..., ...
16. venir : ..., ...
17. volver : ..., ...
18. reír : ..., ...

2. Projet d'excursion dans un Parc Naturel ... Employez le conditionnel (yo). *(AZ 68)*

1. Permanecer en el Parque durante dos días.
2. Salir a las cinco de la madrugada.
3. Escoger los itinerarios más apropiados.
4. Atravesar el puente y disfrutar del panorama.
5. Ir a la caseta de información del Parque.
6. Continuar por la pista del oeste.
7. Recorrer este sector a pie.
8. Probar la bicicleta de montaña.
9. Poner buenos zapatos.
10. Almorzar en el pinar.

permanecer : demeurer
escoger : choisir
probar : essayer
almorzar : déjeuner

3. Mettez les textes au conditionnel. *(AZ 68)*

JOSÉ MARÍA GUELBENZU, *La mirada*

1. *Ha* de ponerse en pie (...). El dolor escondido en el estómago *se extiende*. Lo *cubre* con los brazos tratando de apagarlo. *Pasea* en redondo. *Recorre* la habitación con la cabeza baja. *Mira* sus pasos, los *sigue* atentamente, *procura* alinearlos (...). El dolor *ha desaparecido*. *Abre* los brazos. El dolor *vuelve*.

apagar : éteindre
pasear : se promener
recorrer : parcourir

M. VICENT, *Crónicas urbanas*

2. El televisor *era* de la misma marca y en ese mismo momento *emitía* una papilla común a todos los mortales del país. En la pantalla se *sucedían* rostros intercambiables que *expresaban* pasiones afines con un sonido aproximado, y por su parte el hombre *estaba* rodeado de objetos familiares.

la papilla : la bouillie
la pantalla : l'écran
el rostro : le visage
afín : analogue
rodear : entourer

4. Vous nuancez cet horoscope en utilisant le conditionnel. *(AZ 68)*

Vd. *tendrá* una reunión donde *se mostrará* muy activo y algo inquieto. *Serán* importantes los asuntos laborales. *Tendrá* que hacer viajes o *recibirá* proposiciones que le *impulsarán* a tomar una decisión. También *acudirá* a un encuentro entre compañeros; *se sentirá* relajado y sus contactos *resultarán* provechosos. *Se encontrará* risueño y de buen humor, *notará* que las inquietudes pasan. *Vivirá* unos días estimulantes en sus relaciones afectivas.

un asunto laboral: une question professionnelle
acudir: se rendre
relajado: détendu
provechoso: profitable
risueño: joyeux

34 Les temps composés

LE PASSÉ COMPOSÉ

1. Mettez les verbes entre parenthèses au passé composé. *(AZ 263)*

1. Yo lo … (socorrer)
2. Vd. no se lo … (decir)
3. No sé si ella … (venir)
4. A él no le … (tocar)
5. Ellos no me lo … (devolver)

6. Ustedes no lo … (prever)
7. Vosotros lo … (hacer)
8. Inmediatamente tú lo … (abrir)
9. Nosotros no lo … (anunciar)
10. Ellas ya lo … (resumir)

2. Complétez les phrases au passé composé. (AZ 263)

1. Desde hace una semana, yo buscaba ese disco y esta tarde lo … (comprar)
2. En el mes de julio decidió poner una tienda y esta mañana la … (abrir)
3. Antes no querías vender la casa y hoy … que sí. (decir)
4. No sé lo que … (pasar)
5. Yo no … más remedio que decírselo. (tener)
6. Ella … la lámpara al sillón. (acercar)
7. Yo le … que vendría lo más pronto posible. (asegurar)
8. Ellos lo … desde hace meses. (prever)
9. A pesar de mi consejo, él no … el cigarrillo. (apagar)
10. ¿Tú le … el reloj esta mañana? (devolver)

3. Traduisez en utilisant le passé composé. (AZ 263)

1. Je suis venu travailler avec toi toute la journée.
2. J'ai ouvert un compte à la banque la plus proche.
3. Je t'ai apporté tout ce dont tu as besoin.
4. Il l'a décidé.
5. J'ai appelé et personne n'a répondu.
6. Nous avons publié la mise au point indispensable.
7. Avez-vous vu notre dernier modèle (Vd.) ?
8. Nous avons découvert la clé du mystère.
9. Leur avez-vous raconté toute l'histoire (vosotros) ?
10. Vous ai-je dit où sont les disquettes (Vd.) ?

un compte : una cuenta	**la clé** (fig.) **:** la clave
la mise au point : la aclaración	**la disquette :** el disquete

4. Retour de voyage … Passé simple ou passé composé ? (AZ 191)

1. Vienen preparando el viaje desde hace dos meses y hoy … . (terminar)

2. Quieren tomar la ruta que … Hernán Cortés. (seguir)
3. "Este viaje … mi manera de ver las cosas", dice Pedro al volver a Madrid. (cambiar)
4. "A pesar de ser un chico callado, su hijo … muy bien con sus compañeros", le dice al volver el organizador al padre de Pedro. (integrarse)
5. Aquel chico que parece tan contento, sin embargo … al salir, cuando … a su familia. (llorar, dejar)
6. Al llegar, uno de los participantes le dice a su madre: "Todos … como hermanos durante el viaje". (ser, nosotros)
7. Dentro de un año, todos dirán: " … una experiencia buenísima." (ser)
8. Hoy, muy emocionada, Laura … la mochila. (guardar)
9. Varias veces, durante el viaje, los jóvenes … montar la tienda a la luz de la linterna. (tener que)
10. En los días difíciles, Antonio … de subirles la moral a todos. (encargarse)

callado : silencieux
guardar : ranger
la mochila : le sac à dos
la tienda : la tente
encargarse de : se charger de
subir la moral : remonter le moral

5. Passé composé ou passé simple ? (AZ 191)

1. Cuando ellos me lo … por primera vez, no … qué contestar. (decir, saber)
2. Ahora se puede comprobar que esta decisión … los acontecimientos. (precipitar)
3. Aquella asociación … su despegue en 1961. (tener)
4. Hoy podemos decir que esas cooperativas … su consolidación. (alcanzar)
5. Al principio, ésas … con el apoyo de la Banca. (contar)
6. Desde hace tiempo nosotros … que era posible. (decir)
7. El año pasado se … en marcha organizaciones provinciales. (poner)
8. La tercera fase se … esta semana. (cerrar)
9. El volumen de compras en 1993 … en unos 100.000 millones de pesetas. (situarse)
10. El mes pasado nosotros … firmar acuerdos globales con los proveedores. (lograr)

comprobar : constater
el despegue : le décollage
alcanzar : atteindre
un proveedor : un fournisseur

6. *Mettez les verbes au plus-que-parfait.* (AZ 263)

1. vino : ...
2. traje : ...
3. supisteis : ...
4. quisieron : ...
5. pudieron : ...
6. pusieron : ...
7. fuiste (ir) : ...
8. previó : ...
9. abrieron
10. hizo
11. tuvimos : ...
12. poseyó : ...
13. anduve : ...
14. rompí : ...
15. dijiste : ...

7. *Mettez le premier verbe au passé simple et le second au plus-que-parfait.* (AZ 190, 263)

1. Sabemos por qué no te ha gustado.
2. Asiente porque ha comprendido.
3. Yo comprendo por qué las cosas no han cambiado.
4. No entiendo por qué quiere decírmelo.
5. Quiero saber cómo acabó la sesión.
6. Pienso que es mejor dejarlo en paz.
7. Creo que nos ha mentido.
8. No puedo adivinar por qué lo propone.
9. Me pregunto por qué presume de tener las ideas claras.
10. No cuenta cómo ha caído en la trampa.

asentir : acquiescer
la sesión : la séance
presumir de : se vanter de
la trampa : le piège

8. *Traduisez.* (AZ 263)

1. Je croyais qu'il avait téléphoné à 11 heures.
2. Je défendais la solution que tu avais imaginée.
3. Tu avais préparé soigneusement la réunion.
4. Le mois dernier, le club a vendu le joueur qu'il avait acheté il y a deux ans.
5. Il a oublié qu'il m'avait donné le plan.
6. Il avait pris connaissance de mon information sans faire de commentaire.
7. Il avait retrouvé toute sa confiance en lui.
8. J'avais ajouté que ce changement avait une grande importance.
9. Elle m'avait demandé de me justifier.
10. Je l'avais prévu depuis longtemps.

soigneusement : cuidadosamente	**retrouver :** recobrar
prendre connaissance : enterarse	**se justifier :** justificarse

LE PASSÉ ANTÉRIEUR

9. Mettez le premier verbe au passé antérieur et le second au passé simple. *(AZ 263)*

1. Cuando empieza a hablar, todos le escuchan.
2. Apenas se instala, llama a la recepción.
3. Apenas arranca el motor cuando se ahoga.
4. Cuando lo ve, corre hacia él.
5. Luego que cruza la frontera se siente otro.
6. Cuando protesta, yo quiero saber por qué.
7. Cuando decide entrenarse, es incomparable.
8. Apenas apuesta cuando pierde.
9. Apenas celebra su triunfo cuando ya piensa en el próximo torneo.
10. Cuando se propone ganar, nadie puede con ella.

arrancar : démarrer	**apostar :** parier
ahogarse : s'étouffer	**el torneo :** le tournoi
cruzar : traverser	**no poder con :** ne pas venir à bout de

LE FUTUR ANTÉRIEUR

10. Mettez les verbes au futur antérieur. *(AZ 263)*

1. Lo harán la semana próxima.
2. Dentro de un año realizaremos nuestro proyecto.
3. El quince de mayo recibiré aquella revista.
4. El mes que viene terminarás las prácticas.
5. Dentro de pocos días regresarás.
6. Antonio se apartará del ventanal.
7. Comprenderemos de qué se trata.
8. Olvidaréis que me voy el día cinco.
9. Reconoceréis a aquel famoso actor.
10. Permanecerán frente a frente durante un minuto.

las prácticas : le stage	**el ventanal :** la baie vitrée
apartarse : s'écarter	

11. Atténuez ces affirmations, qui vous semblent excessives, en employant le futur antérieur. (AZ 263)

1. Has hecho todo lo posible para convencerle.
2. Se ha esforzado por tratar de imaginar el futuro.
3. Nos hemos retrasado con aquella visita.
4. La idea de la cita ha brotado en su mente.
5. Habéis seleccionado las mejores frutas de la huerta.
6. Han visto en él acciones que les desagradan.
7. Te has empeñado en atribuirme ese papel.
8. Esa fama le ha cargado durante años.
9. Al embustero le ha salido el tiro por la culata.
10. Os habéis acostumbrado a aquella idea.

esforzarse por : s'efforcer de
retrasarse : se retarder
la cita : le rendez-vous
brotar : jaillir
desagradar : déplaire
empeñarse : s'obstiner
cargar : embêter
el embustero : le menteur
salirle a uno el tiro por la culata : en être pour ses frais

LE CONDITIONNEL PASSÉ

12. Mettez les verbes au conditionnel passé. (AZ 263)

1. cobrarías : ...	6. entregaríais : ...	11. sacarías : ...
2. diríamos : ...	7. harían : ...	12. saldrían : ...
3. bordaría : ...	8. ocurriría : ...	13. seguirías : ...
4. cogeríamos : ...	9. parecerías : ...	14. traeríamos : ...
5. acaecería : ...	10. pediríamos : ...	15. valdría : ...

13. Mettez les verbes au conditionnel passé. (AZ 263)

1. Le **fascinarían** aquellas imágenes.
2. **Tendríamos** a nuestro alcance aquellos conocimientos.
3. **Dispondrías** de diez días para examinar el artículo en tu casa.
4. **Querría** contar su historia a los jóvenes.
5. **Sería** el nacimiento de una nueva sociedad.
6. No **aceptarían** el cierre de la fábrica.
7. **Competirían** abiertamente para conquistar el mercado.
8. El tiempo **demostraría** que no era verdad.
9. Se **jubilaría** cuanto antes.
10. En este caso, los gobiernos **intervendrían**.

el alcance : la portée
el cierre : la fermeture
la fábrica : l'usine
competir : rivaliser
jubilarse : prendre sa retraite

35 Le présent du subjonctif

1. Vous vous adressez à un(e) ami(e). Commencez vos phrases par: Te lo digo para que ... *(AZ 207)*

1. Levantarte temprano.
2. Desayunar conmigo.
3. Comprender lo que pasa.
4. Abrir a los que están esperando.
5. Escuchar lo que afirman.
6. Admitir las evidencias.
7. No sorprenderte.
8. Recuperar la calma.
9. Decidirlo todo.
10. No temer comprometerte.

comprometerse : s'engager

2. Construisez des phrases en commençant par :
Es necesario que Vd. .... . *(AZ 207)*

1. Cerrar la puerta.
2. Aprobar este año.
3. Devolvérmelo cuanto antes.
4. No perder tanto tiempo.
5. Regar el jardín.
6. Recordarme lo que ha dicho.
7. Torcer a la derecha.
8. Sosegarse y descansar.
9. Acertar en esta empresa.
10. Atender a sus invitados.

aprobar : être reçu (à un examen)
regar : arroser
torcer : tourner
sosegarse : se calmer
acertar : réussir
atender : s'occuper de

3. Construisez des phrases en commençant par :
Prefiero que vosotros .... . *(AZ 207)*

1. Elegir el primer plato.
2. Corregir los ejercicios.
3. Recoger vuestras cosas.
4. Pedir un billete.
5. Conseguir una entrada.
6. Sentiros a gusto.
7. No diferir vuestros proyectos.
8. Advertírselo.
9. No proferir amenazas.
10. Divertiros jugando con ellos.

4. Mettez les verbes au subjonctif présent (1re pers. sing.) et classez-les dans le tableau. *(AZ 207, 274)*

presentir	atender	manifestar	respetar
aprobar	ceñir	devolver	robar
referir	concebir	recibir	perder
preceder	decorar	vestir	requerir
hervir	transferir	reñir	medir
meter	volar	divertir	elegir

verbes en -***ar***, -***er***, -***ir***	verbes en -***ar*** et -***er***	verbes en -***ir***	
verbes réguliers	diphtongaison ***e>ie*** ou ***o>ue***	***e>i*** modèle ***pedir***	***e>ie*** modèle ***sentir***

5. Vous n'êtes pas d'accord. Commencez vos phrases par : No estoy seguro de que … *(AZ 207)*

1. Se trata de la primera gran oportunidad.
2. Renace la esperanza.
3. Las exportaciones deben constituir el objetivo esencial.
4. El tratado fortalece este principio.

5. Constituye un elemento imprescindible.
6. Consideráis que es necesario tomar medidas urgentes.
7. Lo sabe la opinión pública.
8. Encarrila el proceso de paz.
9. Impone otro sistema político.
10. Se mediatizan mucho las discusiones.

el tratado : le traité
fortalecer : renforcer
imprescindible : indispensable
una medida : une mesure
encarrilar : engager, mettre sur les rails
mediatizar : médiatiser

6. Mettez les verbes au subjonctif présent (yo). *(AZ 207)*

1. caber : ...
2. haber : ...
3. dar : ...
4. decir : ...
5. hacer : ...
6. oír : ...
7. poner : ...
8. salir : ...
9. tener : ...
10. ser : ...
11. estar : ...
12. ir : ...

7. Vous conseillez un(e) ami(e) qui veut faire des achats par correspondance. Commencez vos phrases par :

Es preciso que tú ... . *(AZ 207)*

1. Leer atentamente las condiciones de venta.
2. Escribir a la dirección siguiente.
3. Comparar los precios.
4. Rellenar el cupón de pedido.
5. Pagar con un talón.
6. Poder devolver el pedido si no te conviene.
7. Pedir una muestra.
8. Saber cuánto tiempo tendrás que esperar.
9. Informarte de los gastos de correo.
10. Tener una garantía.

la dirección : l'adresse
rellenar : remplir
el cupón de pedido : le bon de commande
el talón : le chèque
una muestra : un échantillon
los gastos de correo : les frais d'envoi

36 L'imparfait du subjonctif

***1. Mettez les verbes au passé simple** (ellos)**, puis au subjonctif imparfait en** -ra (tú) **et en** -se (nosotros)**.** (AZ 139)*

1. contar : ...	6. tener : ...	11. reducir : ...
2. diluir : ...	7. ir : ...	12. poder : ...
3. coser : ...	8. caber : ...	13. subir : ...
4. hacer : ...	9. decir : ...	14. mentir : ...
5. poner : ...	10. estar : ...	15. saber : ...

***2. Mettez le premier verbe à l'imparfait du subjonctif (en** -ra **et en** -se**) et le second au conditionnel.** (AZ 139)*

1. Si **quiere** hacerle caso, **tiene** que escucharle.
2. Si te **admira**, no lo **revela**.
3. Si me **ayudas** a levantarme **puedo** andar un poco.
4. Si nos **acordamos** del nombre de la discoteca, te **diremos** donde está.
5. Si se **interrumpe** el relato, ella se **enfada**.
6. Si **está** solo el domingo ¿por qué no **viene** a vernos?
7. Si **desaparecen** esos documentos **será** una catástrofe.
8. Si **oyen** esta canción, se **entristecen**.
9. Si **llevo** dos noches sin dormir, no **puedo** trabajar.
10. Si **suena** el timbre de la puerta, no se **levanta**.

enfadarse : se fâcher **el timbre :** la sonnette

3. Une nappe de pétrole a pollué la côte et les autorités tardent à intervenir! Commencez les phrases par:
Era como si... (***+ subjonctif imparfait***). *(AZ 139)*

1. El petrolero no se estaba dislocando contra las rocas.
2. No se extendía el petróleo sobre el mar.
3. La compañía podía limpiar las playas.
4. Creían que el tiempo lo arreglaría todo.
5. Los hechos no debían ayudar a reflexionar.
6. Es una solemne tontería.
7. Sólo se trata de una estadística más.
8. No se prevén grandes pérdidas en la producción de mariscos.

9. Podemos esperar otros dos años para recuperarnos.
10. Aguantamos lo que ocurría sin quejarnos.

marisco : coquillage
recuperarse : s'en remettre
aguantar : supporter
quejarse : se plaindre

4. Mettez le premier verbe à l'imparfait de l'indicatif et le second à l'imparfait du subjonctif. *(AZ 139)*

1. Intentan que la construcción no moleste a nadie.
2. Es preciso que encargues este trabajo a un herrero.
3. Él no necesita que nadie le haga propaganda.
4. Todos desean que abra un nuevo taller.
5. Mi intención es que lo fabriquen.
6. No estoy seguro de que tenga tanto trabajo.
7. ¿Te enfada que él te ponga trabas en la realización?
8. Sueño con que la obra resulte magnífica.
9. En esas condiciones, es difícil que lo estrene pronto.
10. No creo que sea un tipo simpático.

encargar : commander
un herrero : un forgeron
un taller : un atelier
poner trabas : mettre des entraves
estrenar : inaugurer

37 Le passé et le plus-que-parfait du subjonctif

1. Exprimez vos doutes en commençant les phrases par : Me parece raro que … + ***passé du subjonctif.*** *(AZ 263)*

1. Ella se ha casado con Ramiro.
2. Se ha acordado de la explicación que le dimos.
3. Me ha llamado esta misma mañana.
4. Han descubierto el error que habían cometido.
5. Ha marcado mi número de teléfono.
6. No has contestado francamente.
7. El azar le ha gastado una broma.
8. Se han convertido en el mejor grupo de pop-rock.
9. Han pulverizado el récord de asistencia a una gira.
10. Han empleado todo el año en escribir nuevas canciones.

marcar : composer (un numéro)	**una gira :** une tournée
gastar una broma : jouer un tour	

2. Renforcez l'expression du doute en remplaçant a lo mejor ***par*** quizá + ***passé du subjonctif.*** *(AZ 263, 194)*

1. A lo mejor no se ha acordado de mí.
2. A lo mejor no ha podido intervenir.
3. A lo mejor hemos tenido mucha suerte.
4. A lo mejor han encontrado dos itinerarios menos concurridos.
5. A lo mejor ha renunciado sin avisar.
6. A lo mejor hemos conseguido aplazar el peligro.
7. A lo mejor os habéis puesto de acuerdo.
8. A lo mejor hemos vivido lo mejor de esa experiencia.
9. A lo mejor han prometido dejarlo todo y marcharse.
10. A lo mejor no has sugerido lo que ellos se esperaban.

3. Vous exprimez le regret. Commencez par : Sentía que... ***+ plus-que-parfait du subjonctif.*** *(AZ 263)*

1. Se habían marchado.
2. Todos habían ido al cine.
3. Me habían dejado solo.
4. Aquel acontecimiento había desaparecido de la memoria colectiva.
5. Habíamos salido de compras.
6. No había dado el sistema mejores resultados.
7. Ni siquiera habían medido lo que esperábamos.
8. Habíamos seguido con tales ilusiones.
9. No había contado con aquellos imprevistos.
10. Habías tomado lo que proponíamos por una panacea.

las compras : les achats	**seguir con :** conserver
medir : mesurer	**una panacea :** une panacée

4. Remplacez les verbes en gras par des plus-que-parfaits du subjonctif en -ra. *(AZ 263)*

1. **Vendría** con nosotros si **pudiera**.
2. Si el fraude se **generalizara**, **afectaría** a la moral pública.

3. Este problema se **resolvería** con facilidad.
4. ¡Ojalá **encuentre** una solución equitativa!
5. **Habríamos viajado** con gusto a Granada.
6. Si **viviera** en Valladolid, **podría** matricularse en la Universidad.
7. ¡Ojalá **terminen** las obras a tiempo!
8. Si se lo **preguntaras**, **comprobarías** que le preocupaba este problema.
9. Si **desmintieran** esas afirmaciones no **pasaría** nada.
10. Si **fuera** posible, **estudiaríamos** en Salamanca.

38 Le gérondif et le participe passé

1. Mettez les verbes au gérondif et au participe passé. *(AZ 128, 188)*

1. ir : ... , ...
2. levantar : ... , ...
3. comprender : ... , ...
4. morir : ... , ...
5. hacer : ... , ...
6. decir : ... , ...
7. ver : ... , ...
8. unir : ... , ...
9. poner : ... , ...
10. cubrir : ... , ...
11. romper : ... , ...
12. satisfacer : ... , ...
13. prever : ... , ...
14. huir : ... , ...
15. escribir : ... , ...

2. Complétez ces proverbes, dont un ou plusieurs verbes au gérondif ont disparu. *(AZ 128)*

1. ... lengua y qué comer, irá el hombre por doquier. (tener)
2. A Dios ... y con el mazo ... (rogar, dar)
3. ... los bienes con los males, todos los tiempos son iguales. (juntar)
4. ... del perejil, le nació en la frente. (huir)
5. ... se entiende la gente. (hablar)
6. Aprende ... y reirás ... . (llorar, ganar)
7. A las diez ... estés. (dormir)
8. Potros ... y mozos ... van ... . (caer, perder, aprender)
9. ... se va a Roma. (preguntar)
10. ... niebla en Santa Catalina, año feliz en todo. (ver)

doquier : n'importe où
el mazo : le maillet
dar : frapper
el perejil : le persil
un potro : un poulain
la niebla : le brouillard

3. Retrouvez les participes passés. (*AZ 188*)

1. En este mundo … , ni hay bien … ni mal … . (cansar, cumplir, acabar)
2. Cuando el hierro está … , entonces ha de ser … . (encender, batir)
3. Dinero … , ni … ni … . (olvidar, agradecer, pagar)
4. De los … nacen los … . (escarmentar, avisar)
5. Lo … no es … . (hallar, hurtar)
6. Sal … nunca bien … . (derramar, recoger)
7. El que en mentira es … cuando dice la verdad no es … (coger, creer)
8. Dios te guarde de perro … y de hombre … . (atar, determinar)
9. Más vale león … que gozque … . (cansar, enfadar)
10. Más vale zapato … que pie hermoso. (romper)

agradecer : remercier
escarmentar : apprendre à ses dépens
hurtar : dérober
derramar : répandre
recoger : ramasser
un gozque : un roquet
romper : déchirer

É V A L U A T I O N 5

A. Identifiez le mode et le temps des verbes proposés.

Présent indicatif : PI
Imparfait indicatif : II
Passé simple : PS
Présent subjonctif : P Sub
Gérondif : G
Participe passé : PP

1. cueste : …
2. logro : …
3. solemos : …
4. alquilamos : …
5. vinimos : …
6. elegido : …
7. decidiendo : …
8. absorto : …
9. trocó : …
10. valía : …
11. regado : …
12. ría : …
13. dábamos : …
14. prohíba : …
15. colgando : …
16. pagó : …
17. prohíbo : …
18. lucía : …
19. durmamos : …
20. valga : …
21. pusisteis : …

B. Identifiez le mode et le temps des verbes proposés.

Passé composé : PC
Plus-que-parfait : PQP
Passé antérieur : PA
Futur antérieur : FA
Conditionnel passé : CP
Passé Subjonctif: Pas. Sub
Plus-que-parfait Subjonctif: PQP Sub

1. hubo decidido : ...
2. habíamos preparado : ...
3. habrás dicho : ...
4. ha solicitado : ...
5. habrán pensado : ...
6. hemos subido : ...
7. habíamos distinguido : ...
8. hemos preguntado : ...
9. habían sonreído : ...
10. habrán salido : ...
11. hubiésemos resistido : ...
12. hayan pretendido : ...
13. habrías esperado : ...
14. hubiera dimitido : ...
15. habríais preferido : ...
16. hubiéramos otorgado : ...
17. hayas insistido : ...
18. hubiese venido : ...
19. se hubieran acercado : ...
20. habríamos negado : ...

C. Identifiez le mode et le temps des verbes proposés.

Impératif : I
Futur indicatif : FI
Conditionnel : C
Imparfait du sujonctif : ISub

1. se atreverá : ...
2. supiera : ...
3. empezaría : ...
4. acuérdese : ...
5. pareciese : ...
6. sal : ...
7. propondrá : ...
8. vería : ...
9. conociera : ...
10. robaseis : ...
11. acentúa : ...
12. denunciará : ...
13. deshiciesen : ...
14. afeitaría : ...
15. desobedece : ...
16. compartamos : ...
17. escribiríamos : ...
18. adquirirán : ...
19. moverían : ...
20. soltarás : ...
21. caminad : ...

1. *Choisissez entre* ser ***et*** estar ***que vous mettrez à l'imparfait de l'indicatif.*** *(AZ 111, 113)*

1. Aquellos señores … las glorias de la ciudad.
2. Su habitación … al lado de la mía.
3. Efectivamente, comprobamos que ellos … cinco.
4. En la casa todo … patas arriba.
5. Uno de los árboles del parque … un cedro muy alto.
6. Entonces, todo … confusión.
7. La entrada del hotel … a unos cincuenta metros.
8. Todos los presentes … sus partidarios.
9. Él … allí tan campante.
10. A pesar de su apellido vasco, … de Santander.
11. La voz que yo había oído … ésa.
12. El disco que escuchaba … tuyo.
13. Él … por pedirme una aclaración.
14. La blusa que llevaba … de encaje.
15. Las críticas contra su proyecto … pocas.

patas arriba : sens dessus dessous
campante : fringant, -e
el encaje : la dentelle

2. *Choisissez entre* ser (fue) ***et*** estar (estuvo). *(AZ 110)*

1. Aquello … lo peor.
2. No sé el tiempo que … solo.
3. Su padre … ingeniero de una compañía inglesa.
4. Siempre … el primero en clase de literatura.
5. … conmigo durante dos horas.
6. … el mismo camarero el que nos lo dijo.
7. El simposio … en Sevilla.
8. ¿ … su última aventura?
9. Luis … por decir lo que pensaba del asunto.
10. … entonces cuando insistió para acompañarle.

3. *Traduisez.* *(AZ 112)*

1. - Qui a annoncé la nouvelle ce matin? - C'est moi.
2. - Qui viendra avec toi? - C'est lui.

3. - Qui a téléphoné hier? - C'est nous.
4. - Qui est le responsable de la formation? - C'est moi.
5. - Qui assistait à la réunion? - C'est eux.

4. *Choisissez entre* ser ***et*** estar**.** *(AZ 114)*

1. Ella ... indiferente con su novio. (*imparfait*)
2. El piso ... muy grande, con salones inmensos. (*imparfait*)
3. Cuando no lloraba ... triste. (*imparfait*)
4. ... corriente que nos corrigiese las faltas. (*imparfait*)
5. Yo hubiera ... incapaz de proferir tal amenaza.
6. Llevaron tus cosas a la habitación que ... vacía. (*imparfait*)
7. Las mesas ... anchas y bajas. (*imparfait*)
8. ... cierto que no estamos acostumbrados. (*présent*)
9. El espectáculo ... muy divertido. (*passé simple*)
10. Cuando llegó, el autocar ... completo. (*imparfait*)

5. Choisissez entre ser ***et*** estar**.** *(AZ 115)*

1. Él ... mucho más preocupado que yo. (*présent*)
2. Esa medida ... tomada por las autoridades antes de las nueve. (*passé simple*)
3. La cuestión de mi pasaporte ... resuelta. (*présent*)
4. La vajilla ... todavía metida en el baúl. (*présent*)
5. Al salir del examen, ella ... confiada. (*imparfait*)
6. ... criado por sus tíos. (*passé simple*)
7. Ahora, ... criticados por su propio partido. (*présent*)
8. Cuando ... firmado el convenio, experimentaron alivio los negociadores. (*passé simple*)
9. Dos casas ... destruidas por la crecida del río. (*passé simple*)
10. Yo ... persuadido de que es sumamente útil. (*présent*)

6. Mettez les phrases à la forme passive. *(AZ 115)*

1. Colocaron el florero cerca de la ventana.
2. Se aumentó en un 3 % el impuesto sobre la renta.
3. Le despidieron cuando menos se lo esperaba.
4. Le asaltaron pensamientos tristes.
5. Le devolvió la pelota.
6. Cubrieron el invernadero con plástico.

7. El niño recogió la calderilla.
8. Le desconcertó lo que le contestaron.
9. Envolvió las flores en un periódico.
10. Me tranquilizó el resultado.

el florero : le vase
la renta : le revenu
asaltar : assaillir
el invernadero : la serre
recoger : ramasser
la calderilla : la monnaie

7. Choisissez entre ser *et* estar. *(AZ 110-115)*

1. Si … Vd. seguro de sí mismo, le aconsejo que venga. (*présent*)
2. Haremos por Vd. lo que … necesario. (*présent du subjonctif*)
3. Celia, tú, para mí lo … todo. (*présent*)
4. Le gustaba … sola en casa. (*infinitif*)
5. Me pareció que Ramón … muy agitado. (*imparfait*)
6. La carta que he escrito … para él. (*présent*)
7. El congreso … en Valencia, el año pasado. (*passé simple*)
8. Con el frío que hacía, lo peor … esperar en el andén. (*imparfait*)
9. La noticia … anunciada de nuevo anoche. (*passé simple*)
10. La señorita me … presentada como Antonia Romero. (*passé simple*)

aconsejar : conseiller
el andén : le quai

8. Replacez les verbes. (AZ 110-115)

es, es, es, estabas, estamos, es, estemos, está, estar.

C. Martín Gaite, *Entre visillos*

- (...) no … bien que … aquí asomados, Elvira, puede pasar alguien.

Ella se soltó y le buscó la mirada.

- ¿Y qué pasa, di, qué pasa? A ver si por … de luto ni siquiera voy a hablar contigo en el balcón, ¿… que … haciendo algo malo? Pareces mi madre.
- Si no … eso, Elvira, no … eso. [...]
- Entonces, ¿qué …?
- Nada. Ponte como … , por favor.

asomarse : se pencher
soltarse : se dégager
de luto : en deuil

*9. **Rétablissez*** ser ***et*** estar ***dans ces textes.*** *(AZ 110-115)*

J. Corrales Egea, *La otra cara*

1. - Yo desconfío de los tumultos. Malo ... empezar.
- Pues yo, si la huelga ... a cuenta de los transportes no ... contra ella. ... más; si sabemos aprovechar la ocasión nos podemos ganar la simpatía de los obreros (...)

a cuenta de : aux frais de **aprovechar :** profiter de

J. Fernández Santos, *Libro de las memorias de las cosas*

2. - ¿Por qué tardarán tanto hoy?
- ... tratando otras cosas. Muñoz siempre quiere aprovechar hasta el último momento las Juntas.
- Se acordará de que le ... esperando.
La verdad ... que él ya nos avisó que hoy no acaba pronto.
- Tampoco dijo que tardara tanto.
- No, eso no, pero ... nosotras las que quisimos venir.
- Se nos va a hacer de noche.
- Ya lo ... . Además hace frío aquí.
- ... verdad. Me ... quedando helada.

J.Madrid, *Nada que hacer*

3. - Ésta ... tu casa, Silverio. Yo ... enferma y en seguida me voy a ir al otro barrio.
- Tonterías.
- No ... tonterías. Mi niña se quedará sola y no sé qué ... de ella. Tú ... lo único que tenemos. En esta casa hace falta un hombre - repitió.
- Todavía no ... viejos. Podemos movernos, ir de un lado a otro, trabajar.[...]
- Déjate de tonterías, Silverio, que siempre has ... un pico de oro.

ir al otro barrio : passer l'arme à gauche
dejarse de tonterías : cesser de dire des bêtises
un pico de oro : un beau parleur

C'est...que, c'est...qui

1. Catastrophes naturelles … Complétez les phrases avec les éléments suivants. *(AZ 54, 55)*

a. Fuiste … el que (quien) … **b.** Es … donde … **c.** Fue … el que … **d.** Era … donde … **e.** Es … el que … **f.** Fue … el que (quien) … **g.** Fuimos … los que (quienes) … **h.** Fue … cuando … **i.** Fue … por lo que … **j.** Será … cuando …

1. ... el mal tiempo ... provocó aquel derrumbamiento.
2. ... en esta zona ... existía una amenaza.
3. ... en abril ... alcanzaron los embalses su máxima capacidad.
4. ... el mismo alcalde ... subrayó el problema.
5. ... tú ... me avisaste del peligro de inundación.
6. ... por ello ... quedaron intransitables las carreteras.
7. ... en la provincia de Tarragona ... se cierne el temporal.
8. ... nosotros ... llegamos los primeros.
9. ... tarde ... los avisen.
10. ... este cambio ... anuncia Meteorología.

el derrumbamiento : l'effondrement
el embalse : le barrage
intransitable : impraticable
cernerse : menacer
el temporal : l'orage

2. Les monnaies d'échange … Complétez les phrases en utilisant la tournure d'insistance. *(AZ 54, 55)*

Ex. : … esa calle … te indicó → Fue esa calle la que te indicó.

1. … este sello antiguo … yo andaba buscando.
2. … en el neolítico … surgieron los primeros intercambios.
3. … los productos agrícolas … pronto se trocaron.
4. … a base de apuestas sobre el futuro … trabajan los especuladores.
5. … en la sala de tesorería del banco … se manejan miles de millones.
6. … con las tarjetas de crédito … el dinero se convirtió en puro aire.
7. … esta unidad de cuenta … usaban en la América prehispana.

8. … a la moneda más débil … atacan los especuladores.
9. … a otras dos monedas … obligaron a devaluarse.
10. … los cereales, la sal y las pieles … constituyó las primeras monedas de cambio.

los intercambios : les échanges
la apuesta : le pari
la sala de tesorería : la salle des changes
manejar : manipuler
tarjeta de crédito : carte de crédit
prehispano, a : préhispanique
los especuladores : les spéculateurs

3. Les plantes et la nature … Transformez les phrases en utilisant la tournure d'insistance. *(AZ 54, 55)*

Ex. : Llamé a mi hermano → Fue a mi hermano a quien llamé.

1. En invierno los trabajos de jardinería se reducen al mínimo.
2. He comprado este nuevo equipo de riego.
3. Escogí precisamente esas herramientas.
4. Tienes que colocar algunas piedras bajo las macetas.
5. Antes de la primavera conviene preparar el jardín.
6. Con una serie de experimentos demostró los efectos positivos de esa planta.
7. Tienes que tomar en cuenta sus propiedades nutritivas.
8. El punto de partida de nuestro itinerario estaba allí.
9. Se cruza el río por el puente de Vellida.
10. Obtuvo ese resultado regando cuidadosamente.

la jardinería : le jardinage
el riego : l'arrosage
la herramienta : l'outil
la maceta : le pot de fleur
el punto de partida : le point de départ
regar : arroser
cuidadoso : soigneux

41 La négation et les mots négatifs

1. Conseils à un ami sportif ... Employez l'impératif négatif (2e pers.) précédé de nunca. *(AZ 165)*

1. Preocuparse por la distancia recorrida.
2. Entrenarse irregularmente.
3. Correr sobre el asfalto.
4. Aumentar exageradamente las distancias.
5. Tratar de batir marcas.
6. Considerar la carrera como un castigo.
7. Seguir a los corredores ya entrenados.
8. Olvidarse de beber mucha agua.
9. Comer alimentos poco adecuados.
10. Imponerse una progresión exagerada.

recorrer : parcourir
batir marcas : battre des records
la carrera : la course
un castigo : une punition

2. Mettez les phrases à la forme négative, en plaçant tampoco, nunca, ninguno, nada ***ou*** nadie ***après le verbe.*** *(AZ 165)*

1. Se entrena también.
2. Siempre viene al gimnasio a las siete.
3. Alguno de ellos trae el balón.
4. Hay algo peligroso en este síndrome.
5. Algún problema trastorna su vida.
6. Alguien ha llamado.
7. Necesita algunos masajes.
8. Este alimento contiene algunas proteínas.
9. Hace siempre esos ejercicios sin control médico.
10. Tenemos alguna motivación para lograrlo.

trastornar : bouleverser
la dieta : le régime

3. Le temps change ! Utilisez ya no ***pour modifier le bulletin météo.*** *(AZ 285)*

1. Continúan las altas presiones en Francia y en España.
2. Se debilitan los vientos en Galicia.

3. Se acerca a Portugal un frente frío.
4. Predominan los cielos despejados en Baleares.
5. Se acumulan nieblas en los Pirineos.
6. Se forman tormentas en el norte.
7. El cielo está parcialmente nuboso en Canarias.
8. Hay alternancia entre chubascos y claros en Cantabria.
9. Suben las temperaturas en Castilla y León.
10. Tenemos altas presiones sobre el país.

debilitarse : faiblir
un frente frío : un front froid
despejado, a : dégagé, e
la niebla : le brouillard
la tormenta : l'orage
nuboso, a : nuageux, se
un chubasco : une averse
un claro : une éclaircie

4. Commentez l'attitude d'un ami un peu négligent ! Utilisez ni siquiera ***dans une phrase au présent.*** *(AZ 246)*

1. Contestar a mis cartas.
2. Llamarme cuando le dejo un recado en el contestador.
3. Repostar cuando casi ya no le queda gasolina.
4. Pagar las facturas a tiempo.
5. Devolverme los libros que le presto.
6. Mandarme postales cuando está de vacaciones.
7. Felicitarme por mi santo.
8. Utilizar las herramientas con las precauciones debidas.
9. Cerrar la puerta con llave cuando sale.
10. Franquear las cartas convenientemente.

un recado : un message
el contestador : le répondeur
repostar : faire le plein
una postal : une carte postale
felicitar : souhaiter
el santo : la fête
la herramienta : l'outil
franquear : affranchir

5. Vous voulez limiter ou préciser une affirmation : employez no...más que ***puis*** sólo. *(AZ 163)*

1. Este almacén vende discos y libros.
2. Los artículos son baratos en determinadas ofertas.
3. En aquel comercio, se aplica el precio que rige.
4. Se pueden realizar esas ventas los sábados.
5. En el último reparto faltaba un paquete.
6. Los descuentos afectan a esos sectores comerciales.
7. Aquella asociación ha interpuesto dos querellas.
8. Lo que te digo se funda en cifras anuales.

9. El precio difiere en un 12%.
10. Puedo comprarte un disco.

una oferta : une promotion
barato, a : bon marché
regir : être en vigueur
el reparto : la distribution
un descuento : une ristourne
interponer una querella : déposer une plainte

42 L'interrogation et l'exclamation

1. Vous avez mal entendu et vous faites répéter : employez le mot interrogatif qui convient. *(AZ 145)*

1. Puedo ofrecer **dos** testimonios. (tutoiement)
2. Somos conscientes **del contraste**.
3. Se trata **de hacer una declaración pública**.
4. Nuestra postura ha de ser **clara**.
5. Su carácter le empujó **a presentarse a oposiciones**.
6. Se sintió incómodo **en aquellos estudios**.
7. Entre las dos propuestas escogió **la primera**.
8. El desfase se nota **en dos indicadores clave**.
9. Se obtuvo este resultado **en 1995**.
10. Su abuelo la ayudó mucho **en su juventud**.

un testimonio : un témoignage
las oposiciones : les concours (de l'administration)
incómodo, a : mal à l'aise
el desfase : le décalage
un indicador clave : un indicateur fondamental

2. Trouvez les questions dont voici les réponses. Commencez par Me pregunto ***+ mot interrogatif.*** *(AZ 145)*

1. Llegó a Madrid **en 1992**.
2. **Con su valentía** pudo superar las dificultades.
3. Se licenció **en Económicas**.
4. Se quejaba **de esa impresión de ahogo**.
5. Estudió a fondo **los problemas económicos**.
6. Se entrevista **con hombres políticos**.
7. **Dos** proyectos van a salir adelante.
8. Podemos percibir **cambios económicos**.

9. Trabajaba **de noche**.
10. Buscaba **la seguridad** en su empleo.

superar : surmonter
licenciarse : passer sa licence
Económicas : Sciences Économiques
entrevistarse : rencontrer
salir adelante : réussir

3. *Exprimez votre surprise en employant la forme exclamative. Choisissez entre :* ¡Qué...!, ¡Cuánto...!, ¡Cuán...!, ¡Cómo...!, ¡Qué...más...! (¡Qué...tan...!). *(AZ 77, 222)*

1. Su vestido tiene **colores estupendos**.
2. Ella **ha amado mucho** esta creación original.
3. **Odia** el dibujo convencional de otros diseñadores.
4. Le dio **mucha ilusión** crear ese modelo.
5. Fue **difícil** resolver el problema financiero.
6. Hizo **una campaña publicitaria provocativa**.
7. De su cabeza nacen **extravagantes trajes**.
8. Es **interesante** realizar ese tipo de prendas.
9. **Me gusta** este jersey de cuello alto.
10. Me parece **muy holgada** esta chaqueta.

odiar : haïr
un diseñador : un créateur de mode
la ilusión : la joie, le bonheur
una prenda : un vêtement
holgado, a : ample

4. *Employez* lo...que ***pour exprimer l'exclamation.*** *(AZ 151)*

1. Son **elegantes** esas camisas.
2. Esos colores resultan **llamativos**.
3. Las prendas que realiza son **cálidas y agradables**.
4. El pantalón es **muy estrecho**.
5. Me parece **aburrido** repetir los mismos modelos.
6. Estás **guapo** con este traje.
7. Los colores de este paraguas son **chillones**.
8. Ese sombrero era **ordinario**.
9. Su mono era **muy ceñido**.
10. Son **rebuscadas** las formas que realiza aquel modisto.

llamativo, a : voyant, e
cálido, a : chaud, e
un mono : une combinaison
ceñido, a : ajusté, e
un modisto : un couturier

43 Le souhait et le regret

1. La Recherche Scientifique suscite de grands espoirs. Employez* Ojalá *+ subjonctif présent.* *(AZ 180)

1. Localizan y clasifican los genes responsables de muchas enfermedades.
2. Se consigue señalar otros factores negativos.
3. Demuestran que esta estructura es comprensible.
4. No actúan los investigadores de forma dispersa.
5. Se organizan en torno a grandes estructuras.
6. Se unen todos los científicos.
7. No se resisten a comunicar sus resultados a otros equipos.
8. Las cosas van más deprisa.
9. Empiezan dentro de poco ensayos en humanos.
10. Nos devuelven la esperanza.

el gen : le gène
un investigador : un chercheur
en torno a : autour de
los ensayos en humanos : les essais sur l'homme

2. À partir de l'exercice 1, exprimez un espoir modéré avec* Ojalá + *subjonctif imparfait.* *(AZ 180)

3. Vous déplorez la violence dans le monde ... Modifiez les phrases proposées en commençant par* Ojalá ellos... *+ subjonctif plus-que-parfait.* *(AZ 180)

1. Impedir el pillaje.
2. No abandonar la ciudad tan pronto.
3. Aprobar unas medidas de ayuda humanitaria.
4. Reunirse cuanto antes con el Ministro.
5. Visitar las capitales europeas.
6. Preparar un proyecto de paz.
7. No escurrir el bulto en asuntos tan importantes.
8. Advertir el peligro al que nos enfrentamos.
9. Optar por ese partido favorable a la paz.
10. Especificar los detalles de nuestro proyecto.

una medida : une mesure
escurrir el bulto : se défiler

1. Traduisez. *(AZ 178)*

1. Hay que actuar con esmero para restaurar este palacio.
2. He de visitar el anillo olímpico de Barcelona.
3. En el AVE, los viajeros tienen que reservar su asiento.
4. ¿Estás insinuando que debemos mentirle?
5. A Vd. le hará falta un visado para cada país.
6. El sector siderúrgico tiene que reconvertirse.
7. Fue necesario llamar a los bomberos.
8. No hay que dejar animales dentro de un coche cerrado.
9. Es preciso no usar spray cerca de una llama.
10. Él debería estar en la cárcel.

el esmero : le soin
un visado : un visa
un spray : une bombe aérosol

2. Exprimez l'obligation en utilisant tener que.
Ex. : Vengo mañana. → Tengo que venir mañana.

1. Me afeito cada mañana.
2. Esperé el autobús durante media hora.
3. Jugaron de nuevo el partido en La Coruña.
4. Estableceremos un presupuesto detallado.
5. Presentarán un proyecto de ley antes del verano.
6. Reveló el escándalo.
7. Le dará dinero para que vaya al cine.
8. Concede entrevistas cada seis meses.
9. Suscribisteis una póliza de seguros.
10. Cogió el coche y buscó una cabina telefónica.

afeitarse : se raser
el presupuesto : le budget
una póliza de seguros : une police d'assurance

3. Exprimez l'obligation en utilisant ser preciso ***dans les phrases précédentes.*** *(AZ 120)*
Ex. : Vengo mañana. → Es preciso que venga mañana.

4. *Réunissez les éléments des deux colonnes en les ordonnant pour obtenir une phrase correcte.* *(AZ 178)*

1. No debo	a. analices el problema.
2. Debemos	b. organizaras tu trabajo.
3. Haría falta que	c. apartarme de la orilla.
4. Debéis	d. acordarnos de nuestras promesas.
5. Han de	e. luchar por tus derechos.
6. Tienes que	f. cumplir con vuestro compromiso.
7. Es necesario que	g. fregar los platos.
8. No se debe	h. mantener la lejía al alcance de los niños.

el compromiso : l'engagement
la lejía : l'eau de javel
el alcance : la portée

5. *Traduisez les phrases en donnant, si vous le jugez nécessaire, plusieurs possibilités.* *(AZ 178)*

1. Nous devons protéger les espèces menacées.
2. Il ne faut pas briser la chaîne du froid.
3. Il nous faut améliorer la prévention.
4. Tu devras aérer la maison.
5. Par cette chaleur, il faut arroser tous les soirs.
6. Dois-je prendre les frais à ma charge?
7. Tu ne dois pas rester aussi longtemps au soleil.
8. Il faut que nous reportions le paiement.
9. Le gouvernement devra arbitrer avec prudence.
10. Il faut que vous changiez la pile de votre montre. (Vd.)

une espèce : una especie
briser : romper
aérer : ventilar
arroser : regar
prendre les frais à sa charge : correr con los gastos
reporter : aplazar
le paiement : el pago
arbitrer : mediar

45 L'hypothèse

1. Comment compléter la phrase pour exprimer l'hypothèse? Cochez la bonne case. *(AZ 90, 194)*

	Tal vez	A lo mejor	Debe de
1. ... levantarse temprano.			
2. Está enfadado, ... no quiera volver.			
3. ... ya lo sepa.			
4. ... sale de vacaciones con nosotros.			
5. ... haber comprado los libros.			
6. ... no viene hoy, porque está enfermo.			
7. ... nos haya mentido.			
8. ... estar satisfecho.			
9. ... se equivoque.			
10. ... lo ignorase.			

2. Vous faites des hypothèses. Choisissez entre l'indicatif et le subjonctif. *(AZ 194)*

1. Tal vez él … trabajar los domingos. (preferir)
2. Acaso eso no … puestos de trabajo. (generar)
3. A lo mejor … abierta la panadería. (estar)
4. Quizá el análisis … demasiado pesimista. (ser)
5. A lo mejor los diputados … a reformar este texto. (ir)
6. Él … acostumbrado, quizá. (estar)
7. Tal vez … tú la dirección del equipo. (asumir)
8. Mañana, … ellos lograr un consenso, quizá. (intentar)
9. Tal vez nosotros … en Valencia. (coincidir)
10. Quizá ellos … la ocasión. (aprovechar)

generar : créer **coincidir :** se retrouver

3. Vous avez des doutes! Exprimez-les en utilisant le futur simple, le futur antérieur, le conditionnel présent ou le conditionnel passé. *(AZ 68, 124)*

1. Está contento.
2. Lo olvidó en seguida.
3. Sucedió por la tarde.
4. Ha cumplido su promesa.
5. Había acudido a la cita.
6. Se enamoraron en aquel momento.
7. Mostraron sus discrepancias.
8. Existen razones para la esperanza.
9. Concurrían circunstancias agravantes.
10. Era un poco más difícil preverlo.

acudir : se rendre
la cita : le rendez-vous
la discrepancia : le différend
concurrir : se trouver réuni

4. Exprimez l'hypothèse avec deber de. *(AZ 90)*

Ex. : Llega a las diez. → Debe de llegar a las diez.

1. Está cortada el agua.
2. Esto constituye lo más polémico del tema.
3. Se proseguían las investigaciones.
4. Es el tiempo mínimo necesario para redactar el acta.
5. Siguen produciéndose atascos.
6. Oyó esto desde la puerta.
7. Llaman la atención esos detalles.
8. Ella se identificó con la heroína de la película.
9. Interpretó su primer papel en una comedia de Calderón.
10. Le cuesta llegar a esa conclusión.

la investigación : la recherche
redactar : rédiger
el acta : l'acte (juridique)
un atasco : un embouteillage

1. *Conseils d'une association de consommateurs ... Commencez les phrases par :* Les aconsejamos (a Vds.) que... *(AZ 144)*

1. Comer alimentos sanos.
2. Comprar en tiendas especializadas.
3. No dejarse engañar por los argumentos comerciales.
4. Leer atentamente las etiquetas de los productos.
5. No fiarse de la palabra "light" que está tan de moda.
6. No caer en la confusión que se pueda crear entre los consumidores.
7. Comprobar si se ha reducido el valor energético.
8. Evaluar la cantidad de conservadores añadidos.
9. Preguntar en qué son realmente productos ecológicos.
10. Andarse con cuidado, ya que no hay normativa fiable.

un consumidor : un consommateur
comprobar : vérifier
andarse con cuidado : faire attention
la normativa : la réglementation

2. *Un ami traverse une passe difficile et tout le monde veut l'aider ... Réunissez les éléments fournis avec* que ***+ subjonctif et / ou avec l'infinitif.*** *(AZ 144)*

1. El médico le aconseja / hacer un viaje.
2. Su mujer le pide / no ser tan sensible al qué dirán.
3. Le rogué / pensar en algo positivo.
4. Todos le suplicábamos / reír de vez en cuando.
5. Yo le prohíbo / verlo todo negro.
6. Le aconsejo / solicitar la ayuda de sus amigos.
7. El médico le mandó / alimentarse de forma equilibrada.
8. Le aconsejó / salir y ver amigos.
9. Le ordenó / irse de vacaciones lo más pronto posible.
10. Sus hijos le suplicaban / tomar los medicamentos que se le había recetado.

verlo todo negro : voir tout en noir
recetar : prescrire

1. Choisissez entre hacerse, volverse, ponerse***. Plusieurs solutions sont parfois possibles.*** *(AZ 89)*

1. Él … investigador en arqueología submarina. *(passé simple, 3ᵉ pers. sing.)*
2. … urgente emprender la localización del barco hundido. *(passé simple)*
3. Aquellos fondos … arenosos por la acción del mar sobre las rocas. *(passé simple)*
4. La pesca … improductiva en aquella zona. *(passé composé)*
5. Aquel molusco … del color del fondo con tal mimetismo que resulta imposible verlo. *(présent)*
6. Después de diez años de buceo … el mejor especialista del grupo. *(passé simple, 3ᵉ pers. sing.)*
7. Nada más sobrepasar el cabo, el paisaje … grandioso. *(présent)*
8. … furiosos al comprobar que aquel espacio submarino no estaba protegido. *(passé simple, 1ᵉ pers. plur.)*
9. Aquella cala … definitivamente sucia con los residuos que echan los barcos. *(passé composé)*
10. Los miembros del equipo … defensores empedernidos del medio marino. *(futur)*

hundir : couler
arenoso, a : sableux, se
el buceo : la plongée
nada más : à peine
sobrepasar : dépasser
el cabo : le cap
comprobar : constater
empedernido, a : acharné

2. Choisissez entre hacer, poner ***et*** volver***. Plusieurs solutions sont parfois possibles.*** *(AZ 89)*

1. Las empresas patrocinadoras … posible la salida de la expedición. *(passé simple)*
2. El fracaso del primer día los … de mal humor. *(passé simple)*
3. La amistad entre todos … soportable el aislamiento. *(imparfait)*
4. El temporal … las aguas turbias durante dos días. *(passé simple)*

5. La visibilidad reducida ... difícil la búsqueda. *(présent)*
6. Los plazos que tienen que respetar ... más peligroso el trabajo. *(présent)*
7. Bucear en medio de las redes ... la operación peligrosa. *(présent)*
8. Lo que íbamos descubriendo nos ... cada vez más impacientes. *(imparfait)*
9. La gran profundidad ... imprescindible el uso de nuevas medidas de seguridad. *(présent)*
10. La vigilancia insuficiente ... inoperante la nueva legislación. *(présent)*

una empresa patrocinadora : un sponsor
el fracaso : l'échec
el aislamiento : l'isolement
el temporal : la tempête
bucear : plonger
la red : le filet
imprescindible : indispensable

48 Les aspects de l'action

LE FUTUR PROCHE

1. Exprimez une idée de futur proche en employant ir a. ***Reprenez les verbes entre parenthèses en respectant la personne verbale et le temps.*** *(AZ 2)*

1. Te he avisado, ... (caerse)
2. Espera un rato, él ... (levantarse)
3. Ya no podemos vivir aquí, ... de casa. (mudarse)
4. Me dijo que ... el mes que viene. (casarse)
5. Yo ... la lectura cuando ella entró. (abandonar)
6. Ella ... , vaciló y finalmente no dijo nada. (responderme)
7. Yo ... el timbre para que nos abran. (tocar)
8. Él ... efusivamente y de repente desistió. (saludarme)
9. Dice que ... las diapositivas. (enseñarme)
10. Me he decidido, ... el caso presente. (resolver)

avisar : prévenir
efusivamente : affectueusement
desistir : renoncer
el caso : l'affaire

LE PASSÉ IMMÉDIAT

2. Vous voulez évoquer une action récente. Remplacez le passé composé par la tournure acabar de**.** *(AZ 9)*

1. Ella ha llegado de Menorca esta mañana.
2. He descolgado el teléfono.
3. Me ha dicho que tengo que podar el seto.
4. Me he enterado de que gastaba bromas.
5. Has dejado el trabajo que te fastidiaba.
6. He pensado que se trata de una feliz ocurrencia.
7. Han criticado la política económica del gobierno.
8. Ha afirmado que no quiere echar leña al fuego.
9. Han atendido necesidades apremiantes.
10. Se han despedido delante del Prado.

descolgar : décrocher
podar : tailler
el seto : la haie
gastar bromas : plaisanter
fastidiar : ennuyer
una ocurrencia : une trouvaille
echar leña al fuego : mettre de l'huile sur le feu
apremiante : pressant

LE DÉBUT ET LA FIN DE L'ACTION

3. Vous voulez évoquer le début d'une action: employez empezar por**.** *(AZ 10)*

1. Se **hartó** de representar el mismo papel.
2. No **lo creyó**.
3. **Reglamentaron** drásticamente las ventas de armas.
4. **Compraron** teléfonos portátiles para los ejecutivos.
5. No **instalaron** ese nuevo sistema que provoca desempleo.
6. Así, los empleados **se libran** de las tareas repetitivas.
7. **Evitan** que les dañen su imagen.
8. Les **salió** más barato.
9. El volumen de negocios **aumentó** ligeramente.
10. Esas sociedades **han sido** uno de los objetivos preferidos de la inversión.

hartarse : se lasser
drásticamente : rigoureusement
el ejecutivo : le cadre
el desempleo : le chômage
dañar : abîmer

4. *Modifiez les phrases précédentes en employant* acabar por ***+ infinitif et/ou*** acabar ***+ gérondif.*** *(AZ 10)*

LA RÉPÉTITION

5. *Exprimez la répétition à l'aide de* de nuevo ***et de*** otra vez. *(AZ 235)*

1. Los organizadores aplazaron la exposición, y hoy …
2. Hace varios años salió de España aquella obra, y hoy …
3. El museo solicitó una autorización, y hoy …
4. Ya denegaron el permiso, y hoy …
5. Aplicaron medidas proteccionistas, y hoy …
6. Presentaron un importante conjunto de tallas románicas, y hoy …
7. En el mes de enero simplificaron los trámites, y hoy …
8. Realizaron muchas gestiones, y hoy …
9. Afirmó que su técnica no era figurativa, y hoy …
10. Utilizó el granito en sus esculturas, y hoy …

aplazar : reporter
denegar : refuser
una medida : une mesure
un conjunto : un ensemble
una talla : une sculpture (en bois)
un trámite : une formalité
una gestión : une démarche

6. *Faites exécuter de nouveau une série d'exercices physiques en employant* volver a. *(AZ 235)*

1. Lleva los brazos por detrás de la cabeza.
2. Eleva la pierna izquierda a su máxima altura.
3. Inclina el tronco lateralmente hacia la pierna.
4. Mantén entre las manos un balón a la altura del pecho.
5. Oprime todo lo que puedas el balón.
6. Contrae fuertemente los músculos pectorales.
7. Túmbate frente a una pared.
8. Recuéstate sobre el lado izquierdo.
9. Espira profundamente.
10. Al espirar, sube el tórax juntando los codos.

oprimir : serrer
contraer : contracter
tumbarse : se coucher
recostarse : s'allonger
juntar : réunir
el codo : le coude

7. Complétez les phrases en commençant par por poco. *(AZ 117)*

1. Visité la casa, me gustó y ... (alquilar)
2. Tropezó y ... (caerse)
3. Ten cuidado, ... la taza. (romper)
4. Montaron una fábrica y ... el río. (contaminar)
5. No tomaron las medidas apropiadas en el Parque, y ... daños irreversibles. (producirse)
6. Los enemigos acechaban, y ... esta especie. (desaparecer)
7. Utilizaban aquel tipo de redes, y ... una tortuga. (enganchar)
8. Me encantó tu perro, y ... el mismo. (comprarme)
9. Nos encareció los encantos de aquella excursión y ... (seguirle)
10. La cosecha del 90 dio tan buenos resultados que ... toda en dos meses. (venderse)

alquilar : louer
tropezar : buter
acechar : guetter
una red : un filet
enganchar : accrocher
encarecer : vanter
el encanto : le charme
la cosecha : la récolte

L'HABITUDE

8. Employez soler. *(AZ 248)*

1. Se le **considera** como un pintor californiano.
2. **Pinta** la alegría de vivir.
3. **Se escandaliza** cuando lee lo que se escribe de él.
4. **Se levanta** temprano y **se sienta** frente al mar.
5. **Pensaba** que, para ser artista, debía aparentar que era diferente.
6. Al principio **se quejaba** mucho de los críticos.
7. No **hacía** retratos por encargo.
8. **Se baña** en la piscina varias veces cada día.
9. **Está** toda la mañana trabajando en su estudio.
10. Son temas sobre los que **reflexiona** mucho.

aparentar : avoir l'air, feindre
quejarse : se plaindre
un retrato : un portrait
por encargo : sur commande
el estudio : l'atelier (du peintre)
reflexionar : réfléchir

1. À chacun ses goûts ! Employez gustar. *(AZ 131)*

1. ... volar en los aviones de esa compañía. *(présent - 1e pers. sing.)*
2. ... los asientos porque podía estirar las piernas. *(imparfait - 1e pers. sing.)*
3. Dijeron que eran nuevas normas, pero éstas no ... . *(passé simple - 1e pers. plur.)*
4. No ... que las consignas de seguridad no fueran más precisas. *(passé simple - 1e pers. plur.)*
5. Todo ... , excepto estar tan cerca del viajero de al lado. *(passé simple - 1e pers. sing.)*
6. No ... que cambiaran la disposición de los asientos. *(passé simple - 3e pers. plur.)*
7. No ... que la azafata no aluda a los chalecos salvavidas. *(présent - 2e pers. plur.)*
8. A pesar de lo que le explican, no ... que los fumadores lo tengan cada vez peor para viajar. *(présent - 3e pers. sing.)*
9. ... estar en las filas traseras. *(conditionnel - 3e pers. plur.)*
10. ... la bandeja que me trajeron a la hora de comer. *(passé simple - 1e pers. sing.)*

el asiento : le siège
la azafata : l'hôtesse de l'air
la bandeja : le plateau

2. Complétez les phrases avec apetecer, doler, avergonzar, constar ***ou*** ocurrirse. ***Plusieurs solutions sont parfois possibles.*** *(AZ 131)*

1. ... comer esta ensalada de arroz y alcachofas tan apetitosa. *(imparfait - 1e pers. sing.)*
2. Claro que ... las piernas, con lo apretado que estabas. *(imparfait - 2e pers. sing.)*
3. ... este queso, voy a probarlo. *(présent - 1e pers. sing.)*
4. ... que no es posible ver una película en esos vuelos. *(présent - 1e pers. sing).*
5. ... cómo le contestó un viajero a la azafata. *(passé simple - 1e pers. sing.)*
6. ... que todas las ofertas de las compañías son similares. *(présent - 1e pers. sing.)*

7. A ellos no ... prestar atención a los pequeños detalles. *(passé simple - 3ᵉ pers. plur.)*
8. ... buscar un vuelo más barato. *(passé simple - 1ᵉ pers. sing.)*
9. ... confesar que no había encontrado la taquilla de aquella compañía. *(imparfait - 3ᵉ pers. sing.)*
10. De repente, ... que habíamos olvidado apagar la luz al salir de viaje. *(passé simple - 1ᵉ pers. plur.)*

el arroz : le riz
la alcachofa : l'artichaut
el queso : le fromage
la taquilla : le guichet

50 Les semi-auxiliaires

1. Remplacez les semi-auxiliaires par ser***,*** estar ***ou*** haber***.*** *(AZ 116)*

1. **Tienen** acordado anular la reunión.
2. La ley **queda** sometida a votación.
3. **Andaba** muy desilusionado.
4. **Tenían** previsto llegar a Barajas a las siete.
5. **Llevo clasificadas** cien fotos.
6. **Quedan recopilados** los pormenores del caso.
7. **Venía** rendido y no quería reconocerlo.
8. Lo que nos contó **resultó** difícil de creer.
9. La reparación del frigorífico **resultó** ineficaz.
10. Yo **tenía ahorradas** cien mil pesetas.

acordar : décider
la votación : le vote
recopilar : rassembler
un pormenor : un détail
rendido, a : épuisé, e
ahorrar : économiser

2. Modifiez les phrases proposées en utilisant les semi-auxiliaires tener, quedar, llevar, resultar, andar***.*** *(AZ 116)*

1. Ya las **han preparado**.
2. **Estuvieron** conformes con nuestro plan.
3. **Estaba** alicaído después del partido que perdió. *(passé simple)*
4. **He repasado** la mitad de la lección.

5. **Fue** valiosa aquella idea de reunirse en agosto.
6. Todos **estuvieron** satisfechos al enterarse del resultado.
7. **He hecho** buena parte del trabajo.
8. Cuando **es** imprescindible, él es capaz de dominarse.
9. **Era** evidente que no tenía las ideas muy claras.
10. Los niños **están** alborotados al acercarse las vacaciones.

estar conforme : être d'accord
alicaído, a : découragé, e
repasar : réviser
valioso : précieux
imprescindible : indispensable
alborotado, a : agité, e

3. Exprimez le résultat d'une action en employant quedar ***+ participe passé.*** *(AZ 116)*

1. Están convencidos de que lo peor ya ha pasado.
2. Suspendieron el rodaje de la película.
3. Abandonaron sus residencias.
4. Están destruidos varios decorados en el estudio.
5. Han preparado las nuevas instalaciones.
6. He avisado a todos los técnicos del plató.
7. Está aplazado el estreno de la película.
8. Fue anulado el cóctel que habían previsto.
9. Convocaron a los actores a las ocho de la mañana.
10. Incorporaron aquella secuencia al resto de la película.

el rodaje : le tournage
un decorado : un décor
un técnico : un technicien
el plató : le plateau (de cinéma)
aplazar : ajourner
el estreno : la première

Entourez la bonne réponse.

1. Habría querido … como los detectives de las novelas.
   a. estar *b.* ser *c.* convertirse
2. Quizá … recordarlo ahora.
   a. convenga *b.* convendrá *c.* convenía
3. El museo … ampliarse el año próximo.
   a. debía *b.* debió de *c.* debe de
4. … nosotros … te lo dijimos.
   a. es/que *b.* fueron/quien *c.* fuimos/quienes
5. … perder el equilibrio y cayó.
   a. empieza a *b.* volvió a *c.* comienza a
6. … en octubre … cambiaron las normas de fabricación.
   a. fue/cuando *b.* es/en que *c.* es/que
7. Como no había escuchado le … la historia.
   a. recontó *b.* volvió a contar *c.* cuenta
8. … confesarle el amor que sentía por ella.
   a. iba *b.* se negó *c.* estuvo por
9. … estas empresas … se dedican a la fabricación de bicicletas.
   a. son/que *b.* fueron/quienes *c.* son/las que
10. … abrir el paquete cuando vio que no le era destinado.
    a. está por *b.* se preparó *c.* iba a
11. … mandarme una foto color sepia que encuentro emocionante.
    a. acaba de *b.* vino de *c.* sale de
12. … por eso … volvieron las aguas a su cauce.
    a. fue/que *b.* es/porque *c.* fue/por lo que
13. No expresó … reticencia cuando lo supo.
    a. alguna *b.* ninguna *c.* ningún
14. La reunión … decidida en septiembre por ambas partes.
    a. estuvo *b.* estará *c.* fue
15. … aprender la lección, empieza a repasarla.
    a. va a *b.* al acabar de *c.* apenas deja
16. Su política … eficaz, pero a veces contradictoria.
    a. estaba *b.* está *c.* es
17. … numerosos los que le felicitaron por el premio.
    a. estaban *b.* fueron *c.* son

18. Estuvo jugando dos horas al billar y … todos los partidos.
a. por poco ganó *b.* apenas gana *c.* por poco gana
19. Al oír el teléfono pensó que … su hija quien llamaba.
a. era *b.* estaría *c.* estaba
20. Jugaban los niños con tanto entusiasmo que … se une a ellos.
a. nunca *b.* mucho *c.* por poco
21. … presente cuando lo dijeron.
a. era *b.* estaba *c.* está
22. Me han dicho que él … de Cantabria.
a. es *b.* estará *c.* está
23. Nos sorprendió … decirnos que no nos acompañaría.
a. al empezar *b.* Ø *c.* al empezar por
24. … prohibido fijar carteles en la pared.
a. es *b.* era *c.* está
25. Me aconsejaron … primero.
a. que me informe *b.* que me informara *c.* informarme
26. ¡Ojalá … la niebla!
a. se disipa *b.* se disipará *c.* se disipara
27. Ya … más de las nueve y tenían que darse prisa.
a. estaban *b.* es *c.* eran
28. Tenían mala suerte y … arrastrados por los acontecimientos.
a. estaban *b.* son *c.* eran
29. No había propuesta … que le conviniera.
a. ninguna *b.* alguna *c.* nada
30. Es preciso que … con el reglamento.
a. te conformes *b.* conformarte *c.* te conformaras

51 La concordance des temps

1. Vous participez au débat sur le rôle d'un animateur culturel. Complétez les phrases. *(AZ 66)*

1. Hace falta que un animador cultural ... las actividades artísticas. (canalizar)
2. Pretendemos que ... la solidaridad. (valorarse)
3. Será muy interesante que él ... en marcha actividades de tiempo libre. (poner)
4. Lo haré para que ellos ... en equipo y ... el diálogo al enfrentamiento. (trabajar, preferir)
5. Es preocupante que él no ... ocuparse lo bastante de la tercera edad. (poder)
6. Me ha gustado que todo eso ... la reflexión sobre los problemas sociales. (facilitar)
7. Hacemos cuanto podemos para que ... esas asociaciones juveniles. (mantenerse)
8. Mi objetivo será que ... una conciencia de grupo. (crearse)
9. Ha sido positivo que ... un taller de fotografía en el Centro. (abrirse)
10. Es bueno que un animador ... también una función docente. (tener)

valorar : valoriser
cuanto : tout ce que
docente : éducatif, -ve

2. Transposez les phrases précédentes au passé. *(AZ 66)*

3. Départ en voyage: mille problèmes à régler! Complétez les phrases. *(AZ 66)*

1. No le agradó a su padre que ... en aquella expedición peligrosa. (irse)
2. Él temía que ninguno de ellos ... . (volver)
3. Los ayudarían para que todo ... listo a tiempo. (estar)
4. Exigían que nosotros ... a un profesional para maniobrar el barco. (poner)
5. Ya se acumulaban los problemas antes de que ... el viaje. (empezar)

6. Le dijeron que … a tierra para no seguir mareándose. (bajar)
7. Les encargaron que nos … nuevas velas. (comprar)
8. No sería bueno que ellos … riñendo ahora. (seguir)
9. Nos parecía indispensable que ellos … navegar. (saber)
10. Haría falta que … el viento. (levantarse)

agradar : plaire
estar listo : être prêt
maniobrar : manoeuvrer
marearse : avoir le mal de mer
una vela : une voile
reñir : se disputer

4. Transposez les phrases précédentes au présent. *(AZ 66)*

5. Remettez en ordre les phrases suivantes. *(AZ 66)*

1. Los clientes desean
2. Antes, cuando ibas de compras, era preciso
3. Este tipo de venta ha permitido
4. La empresa suministradora exigió
5. Al aumentar las superficies de venta, los hipermercados querían
6. Los compradores por correo temen
7. Si desaparecen los minoristas, resultará difícil
8. En la tienda de ultramarinos, los clientes esperaban
9. El dependiente de la pastelería no me permitió
10. Esperando en la pescadería ocurría

a. que la ley no les proteja bastante
b. que el cliente le mandara un cheque cruzado
c. que encontraras un sitio para aparcar el coche
d. que se les entregue el pedido cuanto antes
e. que la gente compre sin desplazarse
f. que los consumidores gastasen más
g. que me sirviera solo
h. que los ancianos acudan a los supermercados sin medio de transporte
i. que las vecinas se enterasen de las noticias del barrio
j. a que la dueña los atendiera

un cheque cruzado : un chèque barré
entregar : livrer
el pedido : la commande
el minorista : le détaillant
la tienda de ultramarinos : l'épicerie
atender : servir

6. Mettez le texte au présent. (AZ 66)

d'après ALBERTO VÁZQUEZ-FIGUEROA, *Azabache*

En 1493, para tales gobernantes la mayor preocupación era conseguir que los nativos se decidieran a trabajar. Su descarada resistencia, por mucho que se les amenazase o prometiese, alcanzaba extremos tan inauditos que muy pronto los invasores llegaron a la conclusión de que era una raza de la que jamás se conseguiría sacar provecho alguno, por lo que si se pretendía que las tierras produjesen riqueza y las minas entregasen su oro, se hacía preciso importar mano de obra cualificada de allende el océano.

un nativo : un indigène
descarado, a : effronté
allende : au-delà de(s)

7. Mettez les verbes à leur place. (AZ 66)

abrieran, dije, escuchara, había bastado, hice, interpusiera, obtuvieran, pidió, tenían, vino

d'après GONZALO TORRENTE BALLESTER, *El gozo y las sombras*

Me … que … mi influencia para que él y otros compañeros en su misma situación … ciertas mejoras a las que … derecho, y así lo … . Cuando … a verme para darme las gracias, le … que … mi influencia personal para que todas las puertas se me … y todo el mundo me … .

8. Mettez les verbes en italique à l'imparfait de l'indicatif et respectez la concordance des temps. (AZ 66)

CAMILO JOSÉ CELA, *Mazurca para dos muertos*

(...) lo que *hace* falta *es* que el jefe repare en tu patriotismo, ¡Viva España!, tampoco *es* necesario que las cosas salgan bien y a derechas, *basta* con que vayan a su modo, a su aire y sin molestar (...)

reparar en algo : remarquer quelque chose
a su aire : à leur rythme

1. Un peintre parle de sa vie et de son oeuvre. Vous rapportez ses propos au style indirect. _(AZ 252)_

1. Explica : "En mi familia, no éramos pobres, pero tampoco ricos."
2. Recuerda : "Mi padre trabajaba en una notaría."
3. Confiesa : "Siempre me ha costado un gran esfuerzo lograr lo que quiero."
4. Promete : "En eso seré muy lúcido."
5. Añade : "Me siento a gusto con mis cuadros."
6. Dice : "Estoy orgulloso de no parecerme a nadie."
7. Afirma : "Intento que las críticas no me afecten."
8. Asegura : "No me arrepiento de ningún cuadro."
9. Revela : "Me quedé con gran parte de la obra que produje."
10. Anuncia : "Yo guardaré muchos cuadros."

una notaría : une étude de notaire
un cuadro : un tableau
arrepentirse : se repentir

2. Commencez maintenant par: Afirmó que… _(AZ 252)_

1. El mercado todo lo convierte en mercancía.
2. Tengo miedo a que un día se me agote la inspiración.
3. No sé lo que hago con el dinero que gano.
4. No me gusta que sea así.
5. Pienso que alguien está en la misma sintonía que yo, y esto es estupendo.
6. Cuando volví de Asia, me di cuenta de que había cambiado.
7. Cuando voy a mi estudio no pienso más que en el trabajo.
8. Me doy cuenta de que cuando creo equivocarme estoy acertando.
9. No sé si lograré acabar el proyecto.
10. Me encanta que me hayan encargado aquel cuadro.

una mercancía : une marchandise
agotarse : s'épuiser
estar en la misma sintonía : être sur la même longueur d'onde
el estudio : l'atelier
acertar : être dans le vrai

3. Commencez par: Dijo que... ***et continuez au style indirect.*** *(AZ 252)*

José Corrales Egea, *La otra cara*

1. Eso sólo les ocurre a los tontos; y por lo que yo he visto, a los que más hablan de dignidad y de honradez y de ideales... No sé cómo os contradecís de ese modo. (...) Lo que pasa es que ni vuestras protestas valen. Os dejan charlatanear y os desprecian.

Antonio Gala, *La soledad sonora*

2. Yo no tengo telefonofobia (...) ni telefonofilia. Soy partidario del trabajo en paz. El tiempo es el único bien del que dispongo. Me irrita que me interrumpan en medio de una tarea (...). El teléfono es una ventana abierta por la que puede entrar a cualquier hora un inoportuno visitante o un ladrón de momentos.

d'après Javier Marías, *Todas las almas*

3. Creo que estoy todavía pensando en una chica joven que vi hace días en el tren de Londres y a la que ayer volví a ver en Broad Street. Pero como no sé quién es y puede ser que no la vea más, creo que podría empezar a pensar también en tu amiga Clare.

53 La subordonnée de comparaison

1. Bien choisir sa voiture ... Utilisez más ...que (+), menos...que (-) ***ou*** tan ...como (=)***.*** *(AZ 59)*

1. Este modelo tiene un equipamiento de serie ... completo ... aquél. (+)
2. Son ... confortables el uno ... el otro. (=)
3. Este motor se queda ... justo ... el otro en cuanto a prestaciones. (+)
4. A nivel de estabilidad, éste es ... eficaz ... el otro. (-)
5. Aquél no es ... barato ... te imaginas. (=)
6. Éste es el menos rápido, pero es ... cómodo ... muchos. (+)
7. Es ... interesante la relación precio/calidad en este modelo ... en la producción nacional. (-)

8. Es ... polivalente éste ... el que tenías antes. (=)
9. La versión básica tiene un precio ... ajustado ... la que quieren venderme. (+)
10. Escojo éste: tiene menos presencia, pero me da igual: es ... económico ... el otro. (+)

las prestaciones : les performances
cómodo, a : pratique
la relación precio/calidad : le rapport qualité/prix
ajustado, a : serré, e
la presencia : l'allure
me da igual : ça m'est égal

2. Bien choisir son ordinateur ... Utilisez más ... que, más ... de lo que (+) ***ou*** menos que, menos ... de lo que (-). *(AZ 59)*

1. Esta impresora puede hacer ... las otras. (+)
2. El color aumentará ... se imagina la claridad de sus publicaciones. (+)
3. La velocidad de impresión es ... elevada ... en aquel modelo más barato. (+)
4. Esta pantalla es ... agradable ... la que estaba por comprar. (+)
5. Este programa es ... interesante ... me habías dicho. (-)
6. ¡Cuidado con que no te exija ... tiempo hacerlo con el ordenador ... con un papel y una pluma ! (+)
7. Se trata ... de una cuestión de práctica ... de conocimientos teóricos. (+)
8. Usa el ratón: será ... fácil ... pensabas. (+)
9. Los teclados de hoy son ... ergonómicos ... los que usábamos antes. (+)
10. En este disquete caben ... datos ... en aquél. (-)

la impresora : l'imprimante
el disquete : la disquette
la pantalla : l'écran
un programa : un logiciel
el ratón : la souris
el teclado : le clavier

3. Au coeur d'une expédition polaire! Réunissez les éléments fournis en employant cuanto (-a, -os, -as) más ... más. *(AZ 60, 254)*

1. Soplará el viento / se oscurecerá el cielo.
2. Progresan hacia el norte / duras se vuelven las condiciones meteorológicas.

3. Estudiaban las diferentes posibilidades / les parecía seguro el camino que habían escogido.
4. Se integraban en la vida de los pueblos esquimales / aprendían a cazar y a viajar.
5. Durará el viaje / penoso les resultará sobrellevar los imprevistos.
6. Echaban cuentas / convencidos estaban de que sin provisiones era imposible seguir.
7. Abandonarán cosas / fácil resultará su progresión.
8. Se acercaban a la meta / se les ocurría que habían tenido suerte.
9. Subía la temperatura / impredecible se volvía el hielo.
10. Tomaban riesgos / ganaban tiempo sobre su programa.

penoso, a : pénible
sobrellevar : surmonter
un imprevisto : un imprévu
echar cuentas : faire des comptes
la meta : le but
impredecible : imprévisible

4. Conflit industriel... Utilisez tanto más... cuanto que. *(AZ 42)*

Ex. : Son optimistas : allí ganan siempre. → Son tanto más optimistas cuanto que allí ganan siempre.

1. Era justificada su demanda: habían registrado la marca cuatro años antes.
2. Era intolerable: se podían confundir la marca y los logotipos.
3. El perjuicio fue grave: el conflicto duró seis años.
4. Las pérdidas fueron importantes: no podían seguir exportando.

una demanda : une plainte
el perjuicio : le préjudice

54 La subordonnée complétive

1. Commencez par le verbe entre parenthèses. *(AZ 253)*

1. No interpreta mi silencio (le ruego que).
2. No me pasaba nada (te dije que).
3. Todo va bien (te deseo que).

4. No se nos ocurre llevarle la contraria (nos suplica que).
5. No solía escribir (comprendí que).
6. Se lo conté con pasión (la verdad es que).
7. Pablo ha respondido (me contento con que).
8. No quería aludir a ello (observé que).
9. Ella no sabía más que yo (adiviné que).
10. Ha perdido el tren (me temo que).

llevar la contraria : contredire **aludir :** faire allusion

2. Indicatif (I) ou subjonctif (S)? Cochez la bonne réponse et mettez le verbe proposé au mode et au temps qui conviennent. *(AZ 253)*

	I	S
1. Creo que todo … bien. (ir)		
2. Me alegro de que tú … (venir)		
3. Se imaginaba que Pedro … aquella carrera. (hacer)		
4. Me pidió que … más bajo. (hablar)		
5. Me temo que él lo … (olvidar)		
6. Me suplicaba que … pronto. (volver)		
7. Me doy cuenta de que vosotros … en un apuro. (estar)		
8. Pensé que lo mejor … decirle la verdad. (ser)		
9. Ella sospechaba que no … el hombre que creía. (ser)		
10. Me enteré de que él … en el hotel. (vivir)		
11. Comprendimos que todo … a leyes rigurosas. (obedecer)		
12. Creo que … demasiado para un chaval como él. (ser)		
13. Me propuso que nos … en un café. (meter)		
14. Me extraña que ella no me … (contestar)		

la carrera : les études
estar en un apuro : être dans l'embarras
un chaval : un gamin

55 La subordonnée relative

1. Choisissez le relatif qui convient. *(AZ 229)*
que, quien, quienes, a quien, a quienes, cuyo (-a), de quien, del que.

1. La mujer ... llega es su esposa.
2. Los albañiles ... encargaron el trabajo respetaron el pliego de condiciones.
3. Es una realización ... concepción arquitectónica resulta sorprendente.
4. El amigo ... acompañamos nos dará su parecer.
5. Este inmovilismo ... te he hablado, ya cede poco a poco.
6. Allí se enseñan cosas ... no se aprenden en ninguna otra parte.
7. Fue una operación inmobiliaria de ... fracaso se habló en todo el país.
8. Aquel arquitecto, ... nació en Barcelona, respetó las enseñanzas de sus maestros.
9. Aquel escultor ... te hablo no tuvo seguidores en España.
10. El Modernismo ... aporte fue enorme me fascina.

encargar : commander
el pliego de condiciones : le cahier des charges
arquitectónico, a : architectural, e
el parecer : l'avis
un seguidor : un adepte
el aporte : l'apport

2. Complétez avec le relatif qui convient. Donnez plusieurs solutions si nécessaire. *(AZ 229)*

1. ... mucho corre, pronto para.
2. Compró un salmón ... pesaba tres kilos.
3. Ramiro, ... es un militante radical contra aquel uso, no quiere ceder.
4. Voy a comprarle una muñeca ... habla por Navidad.
5. ... siembra vientos, recoge tempestades.
6. El organizador de la fiesta, ... no las tenía todas consigo, apareció con frac y sombrero de copa.
7. Le cuesta aguantar esos días de fiesta ... para él no cuentan.

8. … te lo dijo, ni siquiera te lo pudo explicar.
9. … a buen árbol se arrima, buena sombra le cobija.
10. El conferenciante, … había llegado cinco minutos antes, dijo que podía empezar.

una muñeca : une poupée
sembrar : semer
un frac : un habit
un sombrero de copa : un chapeau haut-de-forme
aguantar : supporter
arrimarse : s'appuyer
cobijar : abriter

3. Complétez les phrases. (*AZ 229*)

1. Es un juego … tienes que aprender.
2. ¿Es el electricista … me has hablado?
3. Yo se lo conté todo a Marta … estimo mucho.
4. Hay una cosa … es preciso aclarar de una vez.
5. El tema musical … estás oyendo, ya lo conocen todos los sudamericanos.
6. Don Alberto, con … ya había negociado, supo cerrar el trato.
7. Fue a estos amigos … se lo contaste todo.
8. ¿Es ése el chico … tomaste por modelo?
9. La parte colonial de la ciudad es … más me gusta.
10. Dame el título de la obra … aludiste.

de una vez : une fois pour toutes
cerrar el trato : conclure le marché

4. Complétez les phrases. (*AZ 234*)

1. Me pareció una intervención … utilidad era muy discutible.
2. Es un cuadro … interpretación sólo puedo intuir.
3. Pinta una experiencia vital en … alegría participamos.
4. Es un artista … obsesión es que perdure su obra.
5. Pienso en aquel retrato … hechizo es poderoso.
6. Representa a personajes … relación con lo cotidiano es obvia.
7. Su estudio, de … desorden te había hablado, ya es un verdadero caos.
8. Es un autodidacto … maestros fueron los clásicos.
9. Es un pintor … visión del mundo me encanta.
10. Trabaja en un estudio … situación es ideal por la luz.

intuir : deviner
perdurar : durer
el hechizo : le sortilège
obvio, a : évident, e
un caos : un chaos

5. Traduisez. (AZ 95)

1. C'est une collection dont le style a changé.
2. Parle-moi de ce peintre hollandais dont l'œuvre est au Prado.
3. Ce dont il s'agit, c'est de l'organisation de l'exposition.
4. L'expérience dont nous avions prévu les étapes s'est terminée avec succès.
5. Ne rate pas ce reportage dont on a parlé.
6. C'est une pièce dont le premier acte se déroule à Tolède.
7. L'édifice dont on a restauré la façade date de 1780.
8. Ce traité dont nous attendons beaucoup est signé.
9. Nous avons obtenu un résultat dont les conséquences sont incalculables.
10. C'est un film dont je ne me souviens pas.

un peintre : un pintor
s'agir : tratarse
rater : perderse
une pièce : una comedia
un traité : un tratado
signer : firmar
se souvenir : acordarse de

56 La subordonnée de temps

1. Des amis évoquent le problème du logement. Complétez les phrases. (AZ 254)

1. Cuando ... mudarse de casa, comprarán un chalet en las afueras. (querer)
2. Cuando tú ... a vivir tan lejos del centro, no te preocupaste por el problema del transporte. (irse)
3. Cuando Vds. ... vender su piso, ¿se dirigirán a esa agencia? (desear)
4. Cuando ... las reformas de la cocina, pudimos instalarnos. (acabarse)
5. Cuando nosotros ... en aquel barrio, sólo podremos alquilar un estudio. (instalarse)

6. Cuando ... mis vecinos, irán a vivir a su casa de campo. (jubilarse)
7. Cuando ... ese piso no se fijaron en las cuotas. (adquirir)
8. Cuando nosotros ... una casa, no sabíamos que ésta se vendía. (buscar)
9. Cuando ... os invitaremos para inaugurar la casa. (mudarse)
10. Cuando ... los del teléfono, lo arreglarán. (venir)

mudarse : déménager
un chalet : une maison
las afueras : la banlieue
las reformas : les travaux
alquilar : louer
jubilarse : pendre sa retraite
las cuotas : les charges

2. Réunissez les éléments proposés, en commençant par en cuanto***, puis par*** luego que. *(AZ 254)*

1. Entrarás / notarás el cambio en el salón.
2. Pensé en transformar la casa / se me ocurrió un estilo decorativo sencillo.
3. Abrirás la puerta del dormitorio / verás cómo se coordinan los colores.
4. Llamaste al diseñador / te dije que era una buena idea.
5. Necesitarás mobiliario para la cocina / llámame.
6. Empezarán las rebajas / podrás comprarte un sofá.
7. Me lo dijiste / estuve de acuerdo para esta nueva distribución de la casa.
8. Vio la chimenea / le encantó.
9. Verá aquella joya / se desvivirá por adquirirla.
10. Tendrá el certificado que especifique la fecha / podrá estar tranquilo.

el dormitorio : la chambre à coucher
un diseñador : un décorateur
las rebajas : les soldes
desvivirse por : mourir d'envie de
la joya : le bijou

3. Un partisan de l'unité européenne s'impatiente!
Commencez par : No se hará nada mientras... *(AZ 254)*

1. No existe la misma moneda para todos.
2. Sólo se ponen de manifiesto los aspectos negativos.
3. Se subordina lo político a lo económico.
4. Algunos no creen en el futuro de Europa.

5. No hay una voluntad política clara.
6. No puede uno instalarse en cualquier país.
7. Uno no ve sus títulos universitarios reconocidos.
8. Uno no tiene posibilidad de abrir un despacho.
9. Sigue habiendo controles en las fronteras.
10. No está operacional el sistema informático para vigilar a los delincuentes.

subordinar : subordonner
el título : le titre
un despacho : un bureau
vigilar : surveiller

4. Complétez les phrases en choisissant entre conforme, hasta que ***et*** apenas. *(AZ 254)*

1. No ahorrarás electricidad ... cambies esos aparatos.
2. ... se vaya aislando mejor la casa aumentará el confort.
3. ... terminaron aquella casa cuando se dieron cuenta de sus errores.
4. ... se produzcan aparatos más eficientes no cambiará nada.
5. Baja el consumo de energía ... vamos modernizando la casa.
6. ... compró una parabólica, no podía captar ningún programa español.
7. Esperaré ... el precio de este frigorífico baje.
8. ... llegó, le acompañé para que lo visitara todo.
9. Te grabaré los programas ... me los vayas pidiendo.
10. ... enchufó la plancha cuando se produjo un cortacircuito.

un aparato : un appareil
aislar : isoler
eficiente : efficace
grabar : enregistrer
enchufar : brancher
la plancha : le fer à repasser
un cortacircuito : un court-circuit

1. L'imprésario d'un torero répond aux journalistes qui l'interrogent sur la saison en cours. Complétez avec aunque ***+ indicatif.*** *(AZ 40)*

1. … … duro el principio de la temporada, este año lo ha consagrado. (ser)
2. … muchos … aconsejarle, sólo confió en su propia experiencia. (querer - *imparfait*)
3. … … una grave herida, se recuperó rápidamente. (sufrir)
4. … … lo contrario algunos críticos, fue el mejor en la suerte de banderillas. (decir)
5. … … muy consciente de lo que pasaba, estaba muy sereno. (ser)
6. … no lo …, había madurado mucho. (parecer)
7. … se le ..... otra actitud, siguió igual. (aconsejar)
8. … no lo … nunca, logró dominar el miedo. (olvidar)
9. … … menos ansiedad, seguía pensando en aquella cogida. (tener)
10. … le … distraerse, no le daba tiempo. (gustar)

la temporada : la saison	**madurar :** mûrir
aconsejar : conseiller	**la ansiedad :** l'angoisse
una herida : une blessure	**la cogida :** le coup de corne

2. Il envisage ensuite la prochaine saison. Complétez avec aunque ***+ subjonctif présent ou imparfait.*** *(AZ 40)*

1. … … mucho dinero, tendrá que seguir llevando la misma vida. (ganar)
2. … su trabajo le … mucho, se ha de casar en el mes de junio. (acaparar)
3. … todavía no … muchos contratos, lo ve bastante bien. (haber firmado)
4. … … ocuparse de su finca, se entrenará con regularidad. (tener que)
5. … siempre se le … más, él ya sabría controlarse. (pedir)
6. … él … las cosas de otra forma, acabaríamos poniéndonos de acuerdo. (entender)
7. … … siendo impulsivo, el éxito de este año le habrá fortalecido. (seguir)

8. … … con pases de antología, algunos seguirán criticándolo. (torear)
9. … muchos se lo … , nadie podría igualarle. (proponer)
10. … siempre le … las dudas, creo que sabrá allegar valor y técnica. (asaltar)

firmar : signer	**igualar :** égaler
fortalecer : fortifier	**asaltar :** assaillir
un pase : une passe	**allegar :** réunir

3. Il répond enfin à quelques critiques injustifiées. Complétez avec aunque ***+ subjonctif plus-que-parfait.*** *(AZ 40)*

1. … … para torear en Colombia, la temporada del 92 hubiera resultado decepcionante. (firmar)
2. … le … otro toro aquel día, hubiera sido igual. (tocar)
3. … no … tanto con las banderillas, le hubieran dado por lo menos una oreja. (lucirse)
4. … el peón no … al toro, él se las hubiera arreglado solo. (apartar)
5. … no … aquella finca cerca de Córdoba, hubiera pensado en retirarse. (comprar)
6. … no… dos orejas, hubiera estado muy ufano de su actuación. (cortar)
7. … mejor con el segundo toro, el público lo hubiera abucheado igual. (ser)
8. … de una corrida de beneficencia, él no hubiera participado. (tratarse)

lucirse : briller	**ufano :** fier
apartar : écarter	**abuchear :** huer
una finca : une propriété	**la beneficencia :** la bienfaisance

4. Un concours imaginé par un quotidien a eu du succès. Remettez les verbes à leur place. *(AZ 7, 62, 40)*

averiguar, empezaron, estaba decepcionado, habían invertido, hubiera dicho, hubiera sido, hubo, prepararse, ser, hubieran tenido.

1. A pesar de que … 60000 llamadas, sólo quedaron 50 finalistas.
2. Con … seriamente, ellos no superaron las pruebas de calificación.

3. A pesar de que … a jugar por separado, unieron sus fuerzas en la última semana.
4. Aun cuando … casi imposible, se hubieran aferrado.
5. Con … un especialista de esos concursos, tuvo que confesar que renunciaba.
6. Aun cuando … más suerte, no hubieran contestado a la tercera pregunta.
7. A pesar de que … más de cien horas en el concurso, no alcanzaron la final.
8. Con … en una enciclopedia, no encontró la respuesta al enigma.
9. Aun cuando te lo … , ya era tarde.
10. A pesar de que … , dijo que participaría otra vez.

superar : franchir, dépasser
la prueba : l' épreuve
por separado : chacun pour soi
aferrarse : s'accrocher
invertir : investir

5. Pessimisme quant à l'espérance de vie? Choisissez entre por más que, por mucho que ***et*** por muy … que***.***
(AZ 45)

1. … aumenten rápidamente nuestros conocimientos, no dominaremos los problemas del envejecimiento.
2. … importantes … me parezcan los factores medioambientales, no lo explican todo.
3. … digan, eso no modifica la duración de la vida.
4. … se le cuide, el cuerpo se va desgastando.
5. … esfuerzos … hagas, si no tienes una dieta sana no conseguirás nada.
6. … progresos … se hagan, el envejecimiento es ineluctable.
7. … le cueste, trate Vd. de conservar una actividad física.
8. … difícil … sea en la vida moderna, haga Vd. tres comidas equilibradas al día.
9. … alentadoras … resulten las cifras, no hay que caer en un optimismo exagerado.
10. … actividad física … conserves, no has de olvidar que también es importante mantener una actividad social.

el envejecimiento : le vieillissement
medioambiental : environnemental
la duración : la durée
desgastarse : s'user
una dieta : un régime
alentador, a : encourageant, e

1. Complétez au mode et au temps requis. *(AZ 67)*

1. Si esta técnica de cultivo … , sacarán beneficios. (desarrollarse)
2. Si … regar, se dedicarán al cultivo de los fresones. (poder)
3. Si … fomentando agriculturas alternativas, favorecerán el equilibrio ecológico. (seguir)
4. Si no … cuotas máximas de producción, habría muchos excedentes. (fijarse)
5. Si … el ganado en las dehesas, no utilizarían los piensos artificiales. (criar)
6. Si no … a los pesimistas, serían más emprendedores. (escuchar)
7. Si no … en Europa el consumo de frutas tropicales, no hubieran invertido tanto los agricultores andaluces. (progresar)
8. Si no se les … unos ingresos a los agricultores, no aceptarían la reforma. (garantizar)
9. Si … la rotación de cultivos, no se hubieran agotado los suelos. (practicar)
10. Nos rogaba que, si … , viniéramos a visitar su granja modelo. (poder)

regar : arroser
el fresón : la fraise
fomentar : développer
una cuota : un quota
el ganado : le bétail
la dehesa : le pâturage
el pienso : l'aliment pour bétail
emprendedor, a : entreprenant, e
invertir : investir
un ingreso : une rentrée d'argent
agotar : épuiser
la granja : la ferme

2. Problèmes d'environnement … Transformez les phrases en utilisant de + ***infinitif.*** *(AZ 67)*

1. Si se construyera el embalse, se inundarían más de mil hectáreas.
2. Si se realizara un informe sobre el impacto medioambiental, renunciarían.
3. Si no regulan esas actividades, se destruirá todo el entorno natural.
4. Si recurrieran a la nieve artificial, crearían un espacio esquiable.

5. Si determinamos todos los sectores incluidos en el Parque, será posible tomar medidas.
6. Si no limitan la explotación forestal, se producirá una erosión fatal.
7. Si revisasen la ordenación urbanística de la zona, todo se arreglaría.
8. Si no respetan la sentencia del tribunal, se reavivará la polémica.
9. Si organizaran la recuperación, se generarían empleos.
10. Si se reciclara el papel, se evitaría talar miles de árboles.

el embalse : le barrage
un informe : un rapport
medioambiental : environnemental
la ordenación : l'aménagement
generar : créer
talar : couper

3. Mettez le verbe au mode et au temps requis. *(AZ 58)*

1. Era como si … una época. (concluirse)
2. Hablaban como si no … aquella herencia. (aceptar)
3. Era como si él no … de sí todo lo que se esperaba. (dar)
4. Discutían como si no … conseguir la paz. (poder)
5. Era como si ellas … de acuerdo con sus ideales. (vivir)

la herencia : l'héritage
conseguir : obtenir

4. Exprimez la condition avec como *+ subjonctif.* *(AZ 58)*

1. No nos escuchan / ya verán lo que ocurre.
2. La demanda continúa ascendiendo / se desarrollará este sector.
3. No tiene una buena red comercial / no venderá sus productos.
4. No pone un restaurante en la terraza del edificio / lo hará otro.
5. No agradan a la gente / dejaré de diseñar objetos.
6. No queda más remedio / venderá aquella tienda.
7. Tienes un espacio suficiente en la terraza / podrás crear un jardinillo.
8. Dispones de poco tiempo / opta por un jardín de fácil mantenimiento.
9. Prescindes de ideas preconcebidas / todo saldrá bien.
10. Me dedico a la producción en masa / montaré una fábrica.

agradar : plaire
el mantenimiento : l'entretien
prescindir : faire abstraction

5. Commencez par con tal que ***+ subjonctif.*** *(AZ 64)*

1. Si hace reír al público, está contento.
2. Si pudiera demostrar que es un actor completo, lo contratarían.
3. Si Vd. dispone de diez días, podrá descubrir uno de los rincones más valiosos de España.
4. Si se me señala por donde sube la senda, tomaré todo el tiempo que haga falta.
5. Si el tiempo lo permitiera, dormiría al sereno.
6. Si puedo encontrar una piragua, seguiré río abajo.
7. Si calculamos una velocidad de cuatro kilómetros por hora, llegaremos a las ocho.
8. Si porteamos la embarcación durante unos setenta metros, franquearemos el mal paso.
9. Si se arreglaran las compuertas, seguiríamos río abajo.
10. Si las autoridades se dieran cuenta de los deterioros, todo podría remediarse.

la senda : le sentier
dormir al sereno : dormir à la belle étoile
una piragua : un canoë
portear : porter
franquear : franchir
las compuertas : les portes (d'une écluse)
el deterioro : le dégât

59 Le but, la cause et la conséquence

LA SUBORDONNÉE DE BUT

1. Quelques conseils pour bien voyager ! Réunissez les deux éléments fournis avec para que***.*** *(AZ 253)*

1. Es preciso presentar el carné de Familia Numerosa / obtienes una reducción.
2. Vd. puede facturar el equipaje / éste va en el furgón de su tren.
3. Tendrás que abonar un suplemento / tu perro viaja contigo.

4. Use el servicio Auto-Expreso / su coche es transportado en el mismo tren.
5. Escoge los días azules / el viaje te resulta más barato.
6. Reserve Vd. con dos días de antelación / un coche de alquiler le espera a la llegada.
7. Es preciso que el billete no esté caducado / lo puedes cambiar.
8. Pregunte por esos nuevos servicios / les informamos.
9. Deja el equipaje en la consigna / no te estorba.
10. Procure Vd. adaptar sus fechas de salida / el viaje no es penoso.

facturar : enregistrer
abonar : régler, payer
el servicio Auto-Expreso : le service Train-auto
con antelación : d'avance
caducar : périmer
estorbar : encombrer, gêner

LA SUBORDONNÉE DE CAUSE

2. *Traduisez les phrases suivantes.* *(AZ 4, 199, 285)*

1. Planifique con tiempo su viaje, porque no es agradable tomar el tren en los días punta.
2. Es fácil estudiar las tarifas, ya que están a su disposición en cualquier agencia de viaje.
3. Puesto que los ordenadores asignan las mejores plazas a los primeros, dése prisa.
4. De tanto esperar no quedará ni una plaza cuando te decidas.
5. No es necesario guardar cola en la taquilla porque puedes consultar el cuadro de salidas.
6. Ya que Vd. ha de llegar a las seis de la madrugada, pida al revisor que le despierte.
7. No ponga su maleta en el pasillo porque estorba a los viajeros.
8. A fuerza de buscar en el bolso encontró el billete.
9. Ya que Vd. prefiere viajar de noche, reserve una litera.
10. No cruces nunca las vías, porque es peligrosísimo.

la tarifa : le tarif
guardar cola : faire la queue
el cuadro : le panneau d'affichage
el revisor : le contrôleur
el pasillo : le couloir
el bolso : le sac
la litera : la couchette
cruzar : traverser
la vía : la voie

3. Tourisme et gastronomie ! Complétez avec tanto (a, os, as) ... que, tan ... que ***ou*** de tal modo que. *(AZ 260, 262)*

1. Allí tenía ... fama la gastronomía ... te dejaste tentar más de una vez.
2. Escogí un hotel cerca del río ... pude pescar cada día.
3. Era un hombre ... solitario ... construyó su casa en la cima del monte.
4. Él ha investigado ... ... sus libros son buenas guías para descubrir la región.
5. Allí, la luz es excepcional, ... siempre hay un pintor en esos parajes.
6. Para él, la vida había sido dura desde niño, ... era un trabajador infatigable.
7. Ese restaurante sirve una merluza rebozada ... buena ... es famoso en toda la ciudad.
8. La cocina es un mundo ... amplio ... un cocinero debe tener un buen maestro.
9. Posee el secreto de la juventud, ... aparenta cincuenta años y tiene setenta.
10. En su larga vida ha ejercido muchos oficios ... ahora tiene una experiencia inmejorable.

una guía : un guide
la merluza : le colin
aparentar : paraître
inmejorable : insurpassable

60 Les propositions substantivée et infinitive

1. Comment préparer un dîner de fête ... Commencez par el que ***+ subjonctif.*** *(AZ 35)*

1. Compras de antemano / te ahorrará muchos disgustos.
2. Planeas los menús / te permitirá evitar gastos inútiles.
3. Se congelan fácilmente los asados a medio hacer / es de considerar.
4. Se terminan de asar después de descongelados / no es ningún inconveniente.
5. Metes las empanadas en el horno justo para calentarlas / te hace ganar tiempo.

6. Tienes papel de aluminio / te va a ayudar.
7. No se estropean esos dulces / te permite comprarlos ahora.
8. No te olvidas de etiquetar tus productos / es muy importante.
9. Sigues las instrucciones al usar el microondas / es primordial.
10. Acoges a tus invitados y puedes quedarte con ellos / ha de ser muy agradable.

ahorrar : éviter
planear : prévoir
un asado : un rôti
una empanada : un pâté en croûte
el horno : le four
estropear : abîmer
los dulces : les friandises
el microondas : le micro-ondes

2. Modifiez les phrases précédentes en commençant par une proposition infinitive. *(AZ 143)*
Ex. : El que te levantes temprano es muy importante
→ El levantarte temprano...

61 Les propositions participe et gérondive

LA PROPOSITION PARTICIPE

1. Nous sommes au milieu des préparatifs de Noël. Commencez par une proposition participe. *(AZ 189)*
Ex. : Después de escribir la carta se levantó → Escrita la carta, se levantó.

1. Después de cerrar el paquete, buscaban unos lazos para atarlo.
2. Después de comprar el abeto, sólo nos quedaba decorarlo.
3. Después de preparar las guirnaldas, tenían que instalarlas.
4. Después de envolver los regalos, esperábamos a los amigos.
5. Después de afinar sus instrumentos, los tunos se preparaban a cantar.

6. Después de alinear los cubiertos y colocar las copas, todo estuvo listo.
7. Después de levantar la mesa, él acudió a la cocina.
8. Después de servir los aperitivos, guardó las botellas.
9. Después de abrir el paquete de turrón, los niños se lo comieron todo.
10. Después de acostar a los niños, sacamos los regalos.

un lazo : un ruban	**el tuno :** l'"étudiant
el abeto : le sapin	**el cubierto :** le couvert
la guirnalda : la guirlande	**la copa :** le verre à pied

LA PROPOSITION GÉRONDIVE

2. Pour ou contre le travail dominical? Commencez vos phrases par une proposition gérondive. *(AZ 189)*

Ex. : Te acompaña tu hermana / estaré tranquilo
→ Acompañándote tu hermana, estaré...

1. Yo trabajo los domingos / la familia no me ve mucho.
2. No sirve para nada el domingo / hay que pasar de él.
3. Hoy preparo yo la cena / puedes salir con los niños.
4. Nos reunimos todos a las 12 / pasa mejor el día.
5. Es pesada la primera parte del día / para muchos es peor la segunda.
6. Tú sabes lo que pasa cada domingo, / tratemos de hacer algo que nos guste.
7. Están abiertos los comercios / con gusto iría yo de compras.
8. Autoriza la ley esta abertura / no sé quién se ocuparía de mis hijos.
9. Abre aquel almacén los domingos / podríamos ir juntos.
10. Hay tanta gente en las tiendas el sábado / más me gustaría ir los domingos.

pasar de : ne pas tenir compte de **pesado, a :** pénible

Entourez la bonne réponse.

1. Lo dice a propósito para que … .
   a. te enfadas *b.* te enfada *c.* te enfades
2. Exigió que le … inmediatamente.
   a. contestaran *b.* contesten *c.* contestan
3. Era inútil que me lo … .
   a. repetían *b.* repitiese *c.* repitan
4. Le dijo: " … lo que … disgusta".
   a. cuéntame/te *b.* cuénteme/te *c.* contadnos/le
5. Le dijo que le … lo que le … .
   a. contase/disgustaba
   b. cuente/ disgustaba
   c. cuenta/disgusta
6. No es … fácil … te lo imaginas.
   a. tanto/que *b.* tan/como *c.* tan/que
7. El método era … eficaz … pretendían.
   a. más/que *b.* menos/de lo que *c.* tanto/que
8. … se empeña … resultados consigue.
   a. cuanto más/menos *b.* más/más *c.* cuanto/menos
9. Noté que no … convencidos.
   a. estuvieran *b.* estaban *c.* estén
10. Me parece muy raro que no … .
    a. llega *b.* llegamos *c.* haya llegado
11. Recordemos que las negociaciones … muy duras.
    a. fueron *b.* sean *c.* fuesen
12. … más tiene, más quiere.
    a. que *b.* quién *c.* quien
13. Es una empresa … pérdidas estamos enterados.
    a. de cuales *b.* de cuyo *c.* de cuyas
14. El hombre … he saludado trabaja conmigo.
    a. a quien *b.* quien *c.* el cual
15. Cuando … reconocerlo, ya será tarde.
    a. aceptes *b.* acepta *c.* aceptaremos
16. … importen más vehículos, progresarán las ventas.
    a. si *b.* en cuanto *c.* ya que
17. Aprovechó la coyuntura … era favorable.
    a. mientras *b.* con tal que *c.* aunque

18. Aunque … lo que pasa, no podría intervenir.
a. sabía *b.* sepa *c.* supiera

19. Aunque … una noche entera, hoy sigue cansado.
a. durmió *b.* durmiese *c.* duerma

20. Con … las riendas del partido, no resolvió el problema.
a. que tomaba *b.* que tome *c.* tomar

21. Si lo … os vais a divertir.
a. compráis *b.* compréis *c.* comprarais

22. Si este juego no … ideado para jugar en equipo, no sería tan divertido.
a. sería *b.* fuese *c.* era

23. … no se lo compres, seguro que va a llorar.
a. si *b.* como *c.* ya que

24. Llámame esta tarde … te lo explique.
a. con tal que *b.* para que *c.* porque

25. Fue como si … de un número de magia.
a. se tratase *b.* se trataba *c.* se trate

26. Tomé el vuelo Madrid-Barcelona … huelga de trenes.
a. si había *b.* ya que había *c.* para que hubiera

27. Es … difícil de justificar … no trata de hacerlo.
a. tan/que *b.* tan/como *c.* tanto/que

28. … las medidas, fue criticado duramente.
a. anunciado *b.* el anunciar *c.* anunciadas

29. … ganar no quita … se respeten las reglas.
a. el querer/el que *b.* queriendo/que *c.* al querer/que

30. … él partidario de aquel proyecto, era imposible llevarle la contraria.
a. el ser *b.* el que sea *c.* siendo

Corrigés

1

1/ aparato, costa, animal, inútil, generoso, publicidad, cajón, tráfico actual, tijeras, desorden, feliz, almacén, cruce, escolar, cordobés, amable, convoy, acera, tripulación, ajedrez, cómodo, azahar, lunes, público, residuo, industria, lingüista

2/ 1. anchoa (3 syllabes) 2. oído (3 syllabes) 3. amplio (2 syllabes) 4. patria (2 syllabes) 5. ovoide (3 syllabes)

3/ co-men-tar, re-cuer-da, lle-gue, co-ged , ce-náis, sal-gan, co-rre-te-ar, an-da-ban, vi-nien-do, em-pie-ce, tra-ér-se-lo, a-prue-be, men-güéis, ca-í-do, en-te-ra-ra, sin-tie-ron, ha-llas-teis, a-brié-ra-mos, en-tra-rá, re-ú-nen, des-cu-brió, pen-sas-te, tu-vo, di-je-rais, le-í-as, si-tú-a, ve-í-ais, su-pe

4/ -¿Eres tú, Julio? -preguntó la voz de Laura.
-Sí, soy yo, soy yo.
-Ayer apunté tu teléfono por si tenía ocasión de llamarte y ahora me he quedado sola un momento.
-Laura, Laura -dijo Julio-, eres tú. Pensé que no podría resistir hasta el lunes sin verte o sin hablar contigo por lo menos.
-Escucha -dijo ella-, tengo muy poco tiempo. (...) El lunes, si tú quieres, iré a tu casa por la tarde.
-¿A qué hora?
-¿A las seis?
-A las seis. Estaré aquí.
-Adiós, tengo que colgar.
-Adiós Laura.

2

1/ 1. M 2. M 3. F 4. M 5. F 6. M 7. F 8. F 9. M 10. F 11. M 12. M 13. F 14. M 15. F 16. M 17. F 18. M 19. M 20. M 21. F 22. F 23. F 24. F 25. F 26. M 27. F 28. M 29. M 30. M

2/ 1. El Chimborazo se halla en los Andes ecuatorianos. 2. Los Urales separan Europa de Asia. 3. El Magdalena es un río colombiano. 4. El Jarama es afluente del Tajo. 5. El Vístula nace en los Cárpatos y desemboca en el Báltico. 6. El río Oja ha dado su nombre a la región que riega : La Rioja. 7. Huesca está al pie del Pirineo aragonés. 8. El Sena es un río tranquilo. 9. Un puente internacional franquea el Bidasoa. 10. Desde el norte de Madrid, se divisa la Sierra de Guadarrama.

3/ 1. las 2. el 3. la 4. el 5. la 6. los 7. los 8. la 9. la 10. el

4/ 1. a 2. b 3. a 4. b 5. c 6. a 7. a 8. c 9. b 10. a 11. b 12. a 13. c 14. a 15. a 16. a 17. b 18. c 19. a 20. b 21. a

5/ 1. sindicalista 2. militante 3. empleado 4. monje 5. huésped 6. héroe 7. guarda 8. psiquiatra 9. burgués 10. aristócrata 11. sirviente 12. emperador 13. rey 14. príncipe 15. conde 16. licenciado 17. actor 18. suegro 19. gallo 20. dependiente 21. caballo

6/ 1. una entrañable amiga 2. una

fumadora empedernida 3. una funcionaria cortés 4. su hermana mayor 5. una joven aprendiza 6. una campesina aragonesa 7. una chica cursi 8. una contraria leal 9. una automovilista prudente 10. una graciosa bailarina 11. la ágil acróbata 12. una célebre autora 13. una contable competente 14. una atleta superdotada

7 / 1. un enfermo contagioso 2. un cosmonauta ruso 3. un jefe mandón 4. un indio azteca 5. un colegial estudioso 6. un hábil sastre 7. un eurodiputado belga 8. un turista estadounidense 9. un campeón ciclista 10. un pediatra paciente

8 / 1. alimentos sanos 2. peras maduras 3. chocolates espesos 4. cosechas abundantes 5. las sesiones plenarias 6. reacciones pueriles 7. reyes legendarios 8. los viernes festivos 9. conceptos innovadores 10. jueces municipales 11. los diminutos colibríes 12. caracteres difíciles 13. los valses vieneses 14. los fragantes alhelíes 15. clubes deportivos 16. papás atentos 17. menús selectos 18. paraguas azul claro

9 / 1. una conclusión lógica 2. un joven chófer 3. el pez marino 4. un mitin multitudinario 5. un chalé adosado 6. un quitamanchas eficaz 7. una hipótesis errónea 8. el grácil maniquí 9. un régimen drástico 10. un radiotaxi barcelonés

3

1 / 1. manitas ; piececitos 2. monedita 3. duritos 4. arbolitos 5. vallecito ; florecitas 6. puentecito 7. olorcito 8. indiecito 9. cajoncitos 10. comiditas 11. cafecito ; morenita 12. detallito

2 / 1. arroyo 2. baldosa 3. bolso 4. botica 5. carbón 6. cigarro 7. cuchara 8. cuerda 9. culebra 10. delgado 11. espejo 12. grande 13. guitarra 14. manto 15. mesa 16. molino 17. pan 18. paño 19. paso 20. plaza 21. pluma 22. señor 23. señora 24. ventana

4

1 / 1. Un perro andaluz 2. Calle mayor 3. El amor brujo 4. Los santos inocentes 5. La pantera rosa 6. El lago azul 7. La noche más hermosa 8. Los ojos vendados 9. La letra escarlata 10. El último metro 11. Tacones lejanos 12. El ángel exterminador

2 / 1. una fruta madura 2. una novela policíaca 3. su elegante vestido 4. los modernos edificios de la capital 5. el curso académico 6. un triángulo isósceles 7. las iglesias románicas 8. la luna llena 9. la arrugada frente del patriarca 10. una fiebre intermitente

3 / 1. ... le acogieron amistosos. 2. ... replicó tajante. 3. ... contemplaba pensativa el horizonte. 4. ... cruzaba lento un velero. 5. ... se estira perezoso. 6. ... vuelan veloces ... 7. ... leyó ansiosa. 8. ... se agitaban impacientes.

5

1 / 1. tercera ; primer. 2. tercero. 3. reciente ; primera mano. 4. ciento un documentos ; alguno ; ninguno. 5. buena ; cualquier día 6. cien mil. 7. Santo 8. cualquiera ; mala. 9. gran ; grande10. tanto

2 / tan nueva ... el primer día. Recién comprado ... cualquier producto... algún detergente ... bueno ... cien utilizaciones ... cuán fácil... el tercer programa ... un buen resultado... ningún problema... del mal uso... San Fernando ...

6

1 / 1. tan ... como 2. más ... que 3. mayores que 4. tan ... como 5. mejor de lo que 6. menos ... que

7. menos ... que 8. menos ... que 9. tan ... como 10. más ... de lo que

2 / 1. ... muy espacioso. 2. ... muy frescos ... 3. ... muy espesa 4. ... muy grande 5. ... muy cómodo 6. ... muy agradable 7. ... muy discretos 8. ... muy tranquila 9. ... muy bien comunicado. 10. ... muy barato

3 / 1. Sí, interesantísimas. 2. Sí, simpatiquísimos. 3. Sí, buenísimo. 4. Sí, celebérrima. 5. Sí, antiquísimos. 6. Sí, comodísimo. 7. Sí, amabilísimos. 8. Sí, animadísima. 9. Sí, muchísimas. 10. Sí, contentísima.

4 / 1. El circo Máximo es el más famoso y el que tiene mayor prestigio en toda Europa. 2. Con él, hemos recorrido los países más diversos. 3. Les presentamos los números más extraordinarios que Vds. jamás han visto. 4. Los trapecistas más impresionantes les maravillarán. 5. Vds. temblarán al ver las fieras más feroces. 6. Admirarán al domador más valiente. 7. Los monos más listos les encantarán. 8. Vds. reirán con los payasos más cómicos. 9. Vds. verán al mejor ilusionista que trabaja actualmente. 10. Vds. conservarán de nuestro espectáculo el recuerdo más agradable.

7

1 / 1. seriamente 2. íntimamente 3. normalmente 4. clásicamente 5. comúnmente 6. demagógicamente 7. indudablemente 8. constantemente 9. terminantemente 10. ingenuamente

2 / 1. sucinta pero claramente 2. parcial o totalmente 3. pública sino privadamente 4. natural o artificialmente 5. tan útil como agradablemente 6. demográfica, social y culturalmente

EVALUATION 1

1. b 2. a 3. b 4. b 5. c 6. a 7. b 8. c 9. b 10. a 11. c 12. a 13. a 14. b 15. c 16. b 17. c 18. c 19. a 20. b 21. a 22. c 23. b 24. b

8

1 / 1. del 2. del ; la 3. la ; al 4. el 5. el ; el 6. las ; el 7. lo ; lo 8. el 9. el ; el 10. los ; el ; del

2 / 1. el 2. la 3. el ; la 4. los 5. el ; la 6. la ; los 7. los ; la ; del 8. lo 9. la ; del 10. el ; del 11. el ; la 12. el 13. la ; al 14. del ; al 15. la

3 / 1. el 2. el 3. la 4. el 5. la 6. las 7. las ; la 8. las 9. las 10. las

4 / 1. Ø 2. la ; el ; el 3. Ø ; la 4. el 5. el 6. del 7. el

5 / 1. el ; Ø ; Ø 2. Ø ; del 3. los 4. del 5. Ø 6. la 7. Ø 8. los 9. los 10. Ø ; Ø

6 / 1. Les produits informatiques ont envahi la vie quotidienne. 2. Il y a longtemps que les entreprises ont compris à quel point l'informatique est pratique. 3. Les tâches de gestion, de comptabilité, de facturation, s'effectuent au moyen de l'ordinateur. 4. Chaque secteur peut adapter cet outil à ses particularités. 5. Il faut voir à quel point il est souple. 6. Ce que peut faire le microprocesseur est considérable. 7. Il est étonnant de penser qu'il traite autant de données bien qu'il soit si petit. 8. Auparavant, le fait de mémoriser des commandes compliquées rebutait le non spécialiste. 9. Maintenant, la difficulté n'est pas d'apprendre à manier l'ordinateur mais de choisir entre les marques. 10. Il est logique de penser que l'informatique va développer de plus en plus ses applications.

9

1 / 1. un ; un 2. una 3. Ø ; Ø 4. un 5. una 6. Ø ; Ø 7. un ; Ø 8. Ø 9. Ø ; Ø 10. una ; Ø; Ø

2 / 1. Ø 2. unas 3. unos 4. unas 5. Ø 6. unas 7. unas 8. unos 9. Ø 10. Ø

3 / 1. Ø 2. unas 3. Ø 4. unas 5. un ; unas (/Ø) 6. unas ; unos 7. unas 8. Ø ; Ø 9. Ø ; un 10. unos

10

1 / 1. Tu equipo de alta fidelidad cuenta con lector de disco compacto. 2. Nos han mandado su catálogo. 3. Sus condiciones de venta son ventajosas. 4. Seleccionamos con esmero nuestros artículos. 5. Su recambio no ha llegado aún. 6. No lo tiene nuestro proveedor. 7. ¿ Lo incluyen todo sus garantías ? 8. Mi impresión es que ellos son gente formal. 9. Vuestras compras son útiles. 10. No han tenido resultado tus reclamaciones.

2 / 1. nuestros 2. míos 3. suya 4. mía 5. tuya 6. suya 7. vuestra 8. suyo 9. vuestros 10. tuya

3 / 1. Nous passons le week-end chez des parents. 2. Je lui ai prêté quelques-uns de mes livres et il les a encore. 3. Il est convaincu que n'importe laquelle de ses idées est meilleure. 4. Ah ! ma chérie, combien tu me manques. 5. Si tu voulais, il suffirait d'un mot de toi. 6. Alors, vous travaillez maintenant avec une de vos belles-soeurs ? 7. Vous n'avez pas confiance en moi ? Je ne pourrai pas supporter un soupçon de votre part. 8. Vous savez bien que j'essaierai de satisfaire le moindre de vos désirs. 9. Faites-moi le plaisir de ranger vos jouets. 10. Nous sommes prêts ; nous n'attendons qu'un ordre de toi.

4 / 1. Sí, era la mía. 2. Sí, era la tuya. 3. Sí, eran los suyos. 4. Sí, eran los nuestros. 5. Sí, era el suyo. 6. Sí, era la suya. 7. Sí, era el mío. 8. Sí, era la suya. 9. Sí, eran las vuestras. 10. Sí, era la suya.

11

1 / esos, éstos, ésos, aquéllos, éstos, ésos, aquéllos, esa, ésos

2 / aquel, esa, eso, este, ésta, aquélla, eso, esa, aquel, este

3 / 1. a. ésas b. esta c. aquel 2. a. eso b. eso ; ése ; eso c. ésas

12

1 / cincuenta ; ciento veinticinco ; doscientos cincuenta ; quinientos ; setecientos cincuenta ; mil ; mil doscientos ; dos mil

2 / 1. cien 2. cero cero siete 3. dos mil uno 4. cuatrocientos 5. veintisiete 6. diez 7. treinta y nueve 8. nueve ; media

3 / 1. quinientos cincuenta antes de Jesucristo 2. mil setecientos once 3. mil ochocientos treinta y cinco 4. mil setecientos cincuenta y dos 5. mil quinientos noventa y siete 6. mil cuatrocientos treinta y seis 7. mil seiscientos cuatro 8. mil novecientos veintitrés 9. mil novecientos setenta y cuatro 10. mil seiscientos ochenta 11. mil trescientos quince 12. mil novecientos uno 13. mil ochocientos

4 / mil veintinueve millones doscientas mil personas; mil sesenta y nueve millones ochocientas quince mil personas; mil ciento siete millones trescientas mil personas; mil doscientos millones de personas

5 / 1. primero ; veinte por ciento ; trece coma siete por ciento 2. segundo ; treinta y siete 3. tercer ; la décima parte (el décimo) 4. quinto ; treinta y un 5. sexto ; la vigésima parte (el veinteavo) 6. veintinueve ; novena 7. décimo 8. undécimo (once) ; duodécimo (doce) 9. vigésimo ; quince ; dos por ciento 10. ocho ; uno por ciento ; veintiuno

13

1 / el diecinueve de agosto de mil novecientos siete; el veintiocho de junio de mil novecientos nueve; el primero (el uno) de octubre de mil novecientos diecinueve; el treinta de mayo de mil novecientos veinticuatro ; el veintinueve de abril de mil novecientos treinta y cinco ; el trece de junio de mil novecientos cincuenta y seis

2 / Son las doce en punto. Es la una y cinco. Son las cuatro y cuarto. Son las seis y media. Son las ocho menos cuarto. Son las diez menos diez. Son las doce menos cinco.

EVALUATION 2

A. las, la, la, el, el, las, el, la, la, la, del, del

B. la, del, una, una, la, una Ø, la, la, el, los, Ø, el, al, del, Ø, del, unas, los, las, el

C. 1. ¿Has notado lo fina que es esta labor? 2. ¿Qué haces el viernes por la noche? 3. Se jubiló a los sesenta años 4. ¿A qué hora volverás a casa? 5. Tenía unos ojos negros y profundos 6. Este verano, van a visitar otro país. 7. Aquel verano del setenta y seis, se agotaron las reservas de agua. 8. Es precisamente eso lo que me preocupa. 9. Esta sortija que llevo era la suya 10. ¿Ve Vd. aquel edificio, al final de la calle? Allí es. 11. Eduardo es un compañero mío del instituto. 12. Sus deseos son órdenes, querida amiga. 13. He planchado tus camisas. 14. ¡ Qué vida la tuya ! 15. Lo mío es lo vuestro, dijo. 16. Una tercera parte de los candidatos ha aprobado el cuarto curso. 17. A partir de ciento un ejemplares, la rebaja es del diez por ciento. 18. El club cuenta con doscientos miembros. 19. El tercer milenio empieza el uno (el primero) de enero de dos mil. 20. He de salir a las doce menos cuarto.

14

1 / 1. Yo nado cada semana. 2. Tú nunca me escribes. 3. Él telefonea a veces.
4. Nosotros vivimos en una casa particular. 5. Ellos viajan mucho.
6. Vosotros coméis en el restaurante universitario. 7. Ella habla sin parar. 8. Ellas son muy guapas. 9. ¿Vais vosotras a la discoteca? 10. Nosotras vamos muy retrasadas.

2 / 1. Yo leía el periódico y ella miraba la televisión. 2. Él consultaba el mapa mientras yo traía las maletas. 3. Pienso que llegaremos a eso de las cuatro.
4. Yo pasaría por la costa.
5. Tienes que pararte y descansar una hora. 6. Tú no estás de acuerdo. 7. Sabemos ella y yo que el viaje será largo. 8. Creo que la carretera está en obras. 9. ¡No te quejes! Yo conduje durante tres horas y tú durante una hora. 10. Él corría demasiado y yo no estaba tranquila.

15

1 / 1. lo/le 2. los/les 3. la 4. lo 5. lo 6. lo/le 7. la 8. las 9. lo/le 10. los

2 / 1. me 2. te 3. se 4. nos 5. lo/le 6. las 7. os 8. le 9. les 10. se

3 / 1. Le diremos que nos gustó.
2. Le comentaremos la película.
3. Le relataremos el principio.
4. No le revelaremos el desenlace.
5. Le sugeriremos la importancia del paisaje. 6. Le indicaremos los nombres de los actores.
7. Le señalaremos la ausencia de efectos especiales.
8. Le apuntaremos la belleza de la fotografía. 9. Le demostraremos que era mejor de lo que se decía.
10. Le precisaremos las condiciones de rodaje.

4 / 1. Se lo diremos. 2. Se la comentaremos. 3. Se lo relataremos. 4. No se lo revelaremos. 5. Se la sugeriremos.

6. Se los indicaremos. 7. Se la señalaremos. 8. Se la apuntaremos. 9. Se lo demostraremos. 10. Se las precisaremos.

5/ 1. Les explicamos el itinerario. 2. Les referimos las peripecias. 3. Les describimos los paisajes. 4. Les ponderamos la benignidad del clima. 5. Les contamos las costumbres de los habitantes. 6. Les detallamos los monumentos. 7. Les mostramos las curiosidades. 8. Les recomendamos los mejores sitios. 9. Les enseñamos nuestras fotos. 10. Les facilitamos toda la documentación.

6/ 1. Se lo explicamos. 2. Se las referimos. 3. Se los describimos. 4. Se la ponderamos. 5. Se las contamos. 6. Se los detallamos. 7. Se las mostramos. 8. Se los recomendamos. 9. Se las enseñamos. 10. Se la facilitamos.

7/ picarla; quitarle la hiel y freírlo; quitarles la cáscara y partirlos; machacarlas; echarlos ; machacarlo todo; colocarlos ; cubrirlos ; sacarla

16

1. Primero, ello me asombró, pero luego, lo encontré natural. 2. Todo ello, no lo había olvidado. 3. ¿Lo ignorabas? 4. ¿Te has fijado en ello? 5. Te lo ruego, no te preocupes por ello. 6. No hay que concederle demasiada importancia. 7. La portera lo había visto todo. 8. Si el campeón es fuerte, su adversario no lo es menos. 9. Nos lo prometió. 10. Nadie se acuerda de ello (nadie lo recuerda).

17

1. Escribídnoslo... 2. Se lo explicarás. 3. Harías bien ofreciéndosela. 4. ... póntelo 5. ... os la comunicaré. 6. No puedo decírsela. 7. Hay que remitírselas .... 8. ... pídanselos. 9. ... comprándosela. 10. Jorge se lo ha traído de Bolivia.

18

1/ 1. A mí 2. A ti 3. A él 4. A ella 5. A Vd. 6. A nosotros 7. A ellos 8. A ellas 9. a Vds.10. A vosotros (vosotras)

2/ 1. Según yo, estaba equivocado. 2. Incluso tú lo decías. 3. En sí, la cosa no tendría mucha importancia. 4. Pero con él, hay que ser prudente. 5. Todos lo saben menos tú. 6. Se ha llevado a su prima de vacaciones consigo. 7. Así que se pasa la temporada con ella. 8. Se la habían reservado para sí mismos. 9. Quisiera charlar con Vd. , señorita. 10. Señor, si Vd. no tiene todos los documentos consigo, tendrá que volver.

19

Al mecánico lo ayuda el aprendiz. 2. Esta medicina se vende en farmacia. 3. Se pone las zapatillas de deporte. 4. Te tiemblan las manos. 5. Se me ha parado el reloj. 6. No te pases el tiempo mirando la tele. 7. Cuando tenía treinta años, se le murió la madre. 8. Se nos ha averiado el frigorífico. 9. Me resbalé por las baldosas húmedas. 10. Se bebió la copa de un trago.

20

1/ 1. bajará 2. torcerá 3. seguirá 4. tomará 5. pasará 6. continuará 7. se meterá 8. irá 9. dará 10. localizará

2/ 1. bajen 2. tuerzan 3. sigan 4. tomen 5. pasen 6. continúen 7. métanse 8. vayan 9. den 10. localicen

3/ 1. ¿Soléis ir al colegio andando? 2. ¿Trabajáis todos los días? 3. ¿Qué día descansáis? 4. ¿A qué hora empezáis a trabajar? 5. ¿Cuántas asignaturas estudiáis? 6. ¿Utilizáis un laboratorio de idiomas?

7. ¿También tenéis clases de música? 8. ¿Practicáis varios deportes? 9. ¿Coméis todos en el restaurante del colegio?
10. Cuando salís del colegio, ¿os queda mucho que hacer?

4 / 1. Vd. ; sentar***se*** ; instalar***la*** ; le
2. Vds. ; Vds. ; les ; Vd. ; recomendar***les*** ; vosotros ; os
3. le ; le

21

1 / 1. Hicieron 2. Calcularon
3. Publicaron 4. Eligieron
5. Abrieron 6. Expropiaron e indemnizaron 7. Construyeron
8. La han inaugurado 9. Han acondicionado 10. La utilizarán

2 / 1. Se vende un piano... 2. Se busca una estudiante... 3. Se compran antiguëdades. 4. Se necesitan dos redactores. 5. Se precisa un albañil... 6. Se vende un local... 7. Se venden viviendas....
8. Se contratan cocineros... 9. Se alquila una camioneta... 10. Se hacen investigaciones....

3 / 1. El sábado por la tarde, fuimos de compras. 2. Salimos después del almuerzo. 3. Dejamos el coche en el aparcamiento.
4. Anduvimos mucho. 5. Miramos los escaparates. 6. Entramos en varias tiendas. 7. Como había mucha gente, tuvimos que esperar en varios sitios. 8. Después, fuimos a un bar a tomar un refresco. 9. No encontramos todo lo que buscábamos. 10. Cuando volvimos a casa, estábamos cansados.

4 / 1. Los sábados por la tarde, se va de compras. 2. Se sale después del almuerzo. 3. Se deja el coche en el aparcamiento. 4. Se anda mucho. 5. Se miran los escaparates. 6. Se entra en varias tiendas. 7. Como hay mucha gente, se tiene que esperar en varios sitios. 8. Después, se va a un bar a tomar un refresco. 9. No se encuentra todo lo que se busca.
10. Cuando se vuelve a casa, se está cansado.

5 / 1. Uno no plantea... 2. Uno no achaca... 3. Uno piensa... 4. Uno estima... 5. Uno considera...
6. Uno no puede... 7. Uno teme...
8. Uno mantiene...

6 / 1. A veces, uno se levanta temprano. 2. Se (uno) emprende un trabajo considerable. 3. Una se siente aliviada después de resolver un problema. 4. Se planean (uno planea) nuevas actividades 5. Uno se promete no cometer los mismos errores.

7 / se esté acostumbrada ; no se ve ; volvieron a levantar ; pueden adivinarse ; se acaba una acostumbrando ; pueden darla

22

1 / Para fabricar el pan, se suele utilizar harina de trigo ; hay quien mezcla distintas clases de harinas para obtener panes especiales.
2. El panadero almacena la harina puesto que utiliza mucha. 3. Para cada hornada, toma la cantidad necesaria y la pone en la amasadera mecánica. 4. También pone en ella agua y sal.
5. Empieza a mezclar los ingredientes y les añade la levadura. 6. Amasa largamente la masa y saca de ella un trozo que ha de servir para otra hornada.
7. Divide la masa : con ella hace panes ; deja que la masa fermente.
8. Después de calentar el horno, mete (en él) los panes. 9. Los saca cuando están cocidos. 10. Si hace buen pan, venderá mucho.

EVALUATION 3

A. 1. b 2. c 3. b 4. a 5. c 6. a
7. b 8. b 9. c 10. c 11. c 12. c
13. b 14. c 15. c 16. a 17. a
18. b 19. a 20. c 21. b 22. b
23. a 24. b 25. a

B. 1. Ruedan (se rueda) una película en el barrio. 2. Se plantan los árboles en otoño. 3. Me lo reprochan. 4. Así se evitan males mayores. 5. Se oye ruido detrás de la puerta. 6. Entonces es cuando uno se da cuenta de las consecuencias de tal postura. 7. Advertencia : se atiende al público sólo por las mañanas. 8. Acaban de instalarle el teléfono. 9. Uno tiene que cumplir sus promesas. 10. Aquí, no se puede protestar.

23

1 / a. sobre/encima de b. ante/delante de c. tras/detrás de d. dentro de/en e. bajo/debajo de f. sobre/encima de/en g. entre

2 / 1. debajo de 2. delante del 3. detrás de 4. entre 5. en 6. encima de 7. detrás 8. arriba 9. adelante 10. atrás 11. tras 12. hasta 13. hacia

24

1. a 2. Ø; al 3. a 4. a 5. Ø 6. a 7. Ø 8. a 9. a 10. a 11. a 12. Ø 13. al 14. Ø 15. a 16. al 17. Ø 18. Ø 19. a, a 20. a

25

1. a 2. al 3. en 4. en 5. a 6. a 7. a; en 8. a; al 9. en 10. en

26

1. para 2. para 3. por 4. por 5. por 6. para 7. para 8. por 9. por 10. para

27

1. por 2. de 3. con 4. de 5. en 6. a 7. por 8. en 9. en 10. con

EVALUATION 4

1. a 2. c 3. b 4. c 5. b 6. a 7. c 8. c 9. b 10. a 11. b 12. a 13. b 14. b 15. b 16. a 17. a 18. c 19. a 20. b

28

1 / 1. me levanto 2. consultan 3. cenan 4. admitimos; pretendes 5. se acerca 6. participa 7. producen; venden 8. añades; comprendo 9. salís 10. hacen

2 / 1. dirijo 2. elijo 3. cojo 4. prosigo 5. esparzo 6. cuezo 7. corrijo 8. venzo 9. ejerzo 10. sigo

3 / 1. caigo 2. doy 3. digo 4. oigo 5. hago 6. voy 7. pongo 8. sé 9. salgo 10. vengo

4 / 1. piden 2. decimos 3. se muestra 4. conseguís 5. suele 6. se repite 7. te refieres 8. se convierte 9. desmiente 10. me arrepiento 11. riño

5 /
Colonne 1 : meter, preceder, decorar, robar, recibir, respetar
Colonne 2 : aprobar, volar, atender, devolver, manifestar, perder
Colonne 3 a : ceñir, concebir, vestir, reñir, elegir, medir
Colonne 3 b : referir, presentir, hervir, transferir, divertir, requerir

6 / 1. desafío 2. evalúa 3. permanezco 4. limpia 5. contraría 6. se sitúa 7. traduzco 8. insinúas 9. hago 10. reduzco 11. contribuyen 12. sustituye 13. incluye 14. propongo 15. envía

7 / 1. Desmiento esta afirmación. 2. Desafía a sus amigos. 3. Elegimos otro proyecto. 4. Riñen cada día. 5. Te levantas a las ocho. 6. Decora su apartamento. 7. Cojo dos trajes. 8. Sustituyo el vaso roto. 9. Propongo otra solución. 10. No conciben otra respuesta.

8 / llaman; tiene; consiento; duerme; estoy; miro; son; parece; sirven; mira; está; levanto; quedo; mueven

29

1 / tú : asume, traspasa, sal, haz, intenta, ofrece, pon, ten, ven, di
Vd. : asuma, traspase, salga, haga, intente, ofrezca, ponga, tenga, venga, diga
vosotros : asumid, traspasad, salid, haced, intentad, ofreced, poned, tened, venid, decid

2 / tú : prepárate, hazte, súbete, reponte, salte, vuélvete,

defiéndete, sírvete, condúcete, vete
Vd. : prepárese, hágase, súbase, repóngase, sálgase, vuélvase, defiéndase, sírvase, condúzcase, váyase
Vds. : prepárense, háganse, súbanse, repónganse, sálganse, vuélvanse, defiéndanse, sírvanse, condúzcanse, váyanse
nosotros : preparémonos, hagámonos, subámonos, repongámonos, salgámonos, volvámonos, defendámonos, sirvámonos, conduzcámonos, vayámonos
vosotros : preparaos, haceos, subíos, reponeos, salíos, volveos, defendeos, servíos, conducíos, idos

3 / 1. no trabajes 2. utiliza 3. carga 4. no fumes 5. agarra 6. tira 7. calienta 8. ve 9. no procures 10. no te olvides

4 / 1. no consuma 2. desconfíe 3. reemplace 4. consuma 5. coma 6. tenga 7. beba 8. intente 9. no beba 10. tome 11. no coma... y mastique 12. no se salte 13. dé

5 / 1. no consumas 2. desconfía 3. reemplaza 4. consume 5. come 6. ten 7. bebe 8. intenta 9. no bebas 10. toma 11. no comas y mastica 12. no te saltes 13. da

6 / 1. tráigamelo 2. envíesela 3. aumentémosla 4. desarrollémosla 5. resérvemelo 6. explíquemelas 7. reduzcámosla 8. hágalo 9. mándela 10. empecémosla

7 / 1. te fíes 2. temas 3. bebas ; firmes 4. haz ; mires 5. fíes ; porfíes ; prometas 6. pon 7. busca ; échate 8. dime 9. dejes 10. huye

30

1 / 1. conocer ; conocía 2. construir ; construía 3. desarrollar ; desarrollaba 4. hacer ; hacía 5. salir ; salía 6. estar ; estaba 7. dar ; daba 8. preferir ; prefería 9. decir ; decía 10. cocer ; cocía 11. tratar ; trataba 12. adquirir ; adquiría 13. volver ; volvía 14. encender ; encendía 15. presentir ; presentía 16. deducir ; deducía 17. aprobar ; aprobaba 18. ir ; iba 19. ver ; veía 20. presentar ; presentaba 21. apretar ; apretaba

2 / 1. reivindicaban 2. revelabais 3. acogían 4. pensabas 5. aplaudíais 6. complacíamos 7. venía 8. sabía 9. empeñábamos 10. hacía 11. aprendíais 12. soportabas

3 / 1. necesitaban, crecían, acumulaba, tenían, alimentaban, habían, requerían, perdían, favorecía
2. eran, hacía, deslizaban, despertaban, estaban, atravesaba, conocía, tiritaba, entraba, tomaba, suponía, venía, era, comenzaba, había, reunía, estaban, saludaba
3. resultaba, encogía, veía, establecía, repetía, necesitaba, solían, podía

31

1 / 1. perdieron 2. empezaron 3. recobró 4. abordó ; pidió 5. llegó 6. dirigí ; senté 7. acercaste 8. volvieron 9. consulté 10. recibió

2 / salió, representó, compitió, alcanzó, consiguió, llamó, ofreció, destacaron, proporcionaron, permitieron

3 / 1. llevar ; llevó 2. correr ; corrimos 3. advertir ; advirtió 4. aceptar ; aceptaron 5. resistir ; resistí 6. aparecer ; aparecisteis 7. elegir ; elegiste 8. salir ; saliste 9. concluir ; concluyeron 10. evaluar ; evaluó 11. volver ; volvió 12. valer ; valimos 13. arriesgarse ; se arriesgó 14. cerrar ; cerraste 15. entender ; entendí 16. pedir ; pidió 17. preferir ; prefirió 18. servir ; sirvieron 19. mentir ; mintieron 20. escoger ; escogí 21. haber ; hubimos 22. empezar ; empecé 23. deber ; debí 24. opinar ; opinaste

4 / 1. viniste 2. trajisteis 3. fueron 4. supiste 5. quisieron 6. pudieron 7. pusieron 8. dieron 9. fui 10. hiciste 11. dije 12. deduje 13. condujeron 14. oyó 15. hubimos 16. tradujeron 17. intervino 18. tuve 19. cayó 20. anduvimos 21. distrajeron 22. propusiste 23. rió 24. leyeron

5 / 1. sosegó ; explicaste 2. fueron ; regresaron 3. llegaron ; pareció 4. volvieron ; prepararon 5. ofrecieron ; fui 6. escuché ; dijo ; creí 7. levantó ; abrió ; creyó 8. vio ; conoció 9. regresó ; acudió 10. dije

6 / 1. dio ; traje 2. arrancó ; recorrió 3. conseguí ; dobló 4. tropezaste ; caíste 5. preferí ; descabecé 6. despertó ; riñó 7. lamentó ; aconsejamos 8. pagamos 9. localicé ; toqué 10. escatimó

7 / 1. dio, anunciaron, detuvo, acercó, perdió, apeó, abracé, cogí, siguió, arrancó, torció
2. pude, intuyó, habló, se vaciaron, pareció, comprendí, estuvo, entendí, dijo, refirió

32

1 / 1. viajar ; viajarás 2. poder ; podrás 3. caber ; cabrás 4. saltar ; saltarás 5. venir ; vendrás 6. hacer ; harás 7. correr ; correrás 8. poner ; pondrás 9. decir ; dirás 10. tener ; tendrás 11. saber ; sabrás 12. valer ; valdrás 13. subir ; subirás 14. preferir ; preferirás 15. haber ; habrás 16. querer ; querrás 17. encontrar ; encontrarás 18. salir ; saldrás

2 / 1. Le entregaré el informe y le acompañaré a la puerta. 2. El interior del coche olerá a tabaco. 3. Saldrán de la oficina y esperarán el autobús. 4. Me indicarás la calle y te dejaré delante de tu casa. 5. Pablo me dirá adiós y me sonreirá. 6. Ya verás, maldecirás a los canallas del serial. 7. Me sentaré a su lado y le alcanzaré el libro. 8. No te conmoverá el final de esta película. 9. Preferirá leer una hora. 10. No lo admitirá a pesar de tus argumentos.

3 / limpiarás; lo trocearás; lo desalarás; colocarás; cocerás; escurrirás; desmigarás; añadirás; limpiarás; cortarás; cocerás; escurrirás; batirás; añadirás; salpimentarás; extenderás; hornearás; espolvorearás; gratinarás; servirás

4 / entraré; gritaré; volveré; sucederá; encontraré; parecerá; moverá; hará; cubrirán

33

1 / 1. cabrá ; cabría 2. dirá ; diría 3. habrá ; habría 4. podrá ; podría 5. pondrá ; pondría 6. preferirá ; preferiría 7; preparará ; prepararía 8. saldrá ; saldría 9. subirá ; subiría 10. conocerá ; conocería 11. hará ; haría 12. querrá ; querría 13. sabrá ; sabría 14. tendrá ; tendría 15. valdrá ; valdría 16. vendrá ; vendría 17. volverá ; volvería 18. reirá ; reiría

2 / 1. permanecería 2. saldría 3. escogería 4. atravesaría ; disfrutaría 5. iría 6. continuaría 7. recorrería 8. probaría 9. pondría 10. almorzaría

3 / 1. habría; extendería; cubriría; pasearía; recorrería; miraría; seguiría; procuraría; habría; abriría; volvería
2. sería; emitiría; sucederían; expresarían; estaría

4 / tendría, mostraría, serían, tendría, recibiría, impulsarían, acudiría, sentiría, resultarían, encontraría, notaría, viviría

34

1 / 1. he socorrido 2. ha dicho 3. ha venido 4. ha tocado 5. han devuelto 6. han previsto 7. habéis hecho 8. has abierto 9. hemos anunciado 10. han resumido

2 / 1. he comprado 2. ha abierto 3. has dicho 4. ha pasado 5. he tenido 6. ha acercado 7. he asegurado 8. han previsto 9. ha apagado 10. has devuelto

3 / 1. He venido a trabajar contigo todo el día. 2. He abierto una cuenta en el banco más cercano. 3. Te he traído todo lo que necesitas. 4. Lo ha decidido. 5. He llamado y nadie ha contestado. 6. Hemos publicado la aclaración indispensable. 7. ¿Ha visto Vd. nuestro último modelo? 8. Hemos descubierto la clave del misterio. 9. ¿Les habéis contado toda la historia? 10. ¿Le he dicho a Vd. dónde están los disquetes?

4 / 1. han terminado 2. siguió 3. ha cambiado 4. se ha integrado 5. lloró ; dejó 6. hemos sido 7. fue 8. ha guardado 9. tuvieron que 10. se encargó

5 / 1. dijeron ; supe 2. ha precipitado 3. tuvo 4. han alcanzado 5. contaron 6. hemos dicho 7. pusieron 8. ha cerrado 9. se situó 10. logramos

6 / 1. había venido 2. había traído 3. habíais sabido 4. habían querido 5. habían podido 6. habían puesto 7. habías ido 8. había previsto 9. habían abierto 10. había hecho 11. habíamos tenido 12. había poseído 13. había andado 14. había roto 15. habías dicho

7 / 1. supimos ; había gustado 2. asintió ; había comprendido 3. comprendí ; habían cambiado 4. entendí ; había querido 5. quise ; había acabado 6. pensé ; había sido 7. creí ; había mentido 8. pude ; había propuesto 9. pregunté ; había presumido 10. contó ; había caído

8 / 1. Yo creía que había llamado a las once. 2. Yo defendía la solución que habías imaginado. 3. Habías preparado cuidadosamente la reunión. 4. El mes pasado, el club vendió al jugador a quien había comprado hace dos años. 5. Se olvidó de que me había dado el plan. 6. Se había enterado de mi información sin hacer comentarios. 7. Había recobrado toda la confianza en sí. 8. Yo había añadido que ese cambio tenía gran importancia. 9. Ella me había pedido que me justificara. 10. Yo lo había previsto desde hacía mucho tiempo.

9 / 1. hubo empezado ; escucharon 2. hubo instalado ; llamó 3. hubo arrancado ; se ahogó 4. hubo visto ; corrió 5. hubo cruzado ; se sintió 6. hubo protestado ; quise 7. hubo decidido ; fue 8. hubo apostado ; perdió 9. hubo celebrado ; pensó 10. hubo propuesto ; pudo

10 / 1. habrán hecho 2. habremos realizado 3. habré recibido 4. habrás terminado 5. habrás regresado 6. se habrá apartado 7. habremos comprendido 8. habréis olvidado 9. habréis reconocido 10. habrán permanecido

11 / 1. habrás hecho 2. se habrá esforzado 3. nos habremos retrasado 4. habrá brotado 5. habréis seleccionado 6. habrán visto 7. te habrás empeñado 8. le habrá cargado 9. le habrá salido 10. os habréis acostumbrado

12 / 1. habrías cobrado 2. habríamos dicho 3. habría bordado 4. habríamos cogido 5. habría acaecido 6. habríais entregado 7. habrían hecho 8. habría ocurrido 9. habrías parecido 10. habríamos pedido 11. habrías sacado 12. habrían salido 13. habríais seguido 14. habríamos traído 15. habría valido

13 / 1. habrían fascinado 2. habríamos tenido 3. habrías dispuesto 4. habría querido 5. habría sido 6. habrían aceptado 7. habrían competido 8. habría demostrado 9. se habría jubilado 10. habrían intervenido

35

1 / 1. Te lo digo para que te levantes temprano 2. ... desayunes conmigo 3. ... comprendas lo que pasa 4. ... abras a los que están esperando 5. ... escuches lo que afirman 6. ... admitas las evidencias 7. ... no te sorprendas 8. ... recuperes la calma 9. ... lo decidas todo 10. ... no temas comprometerte

2 / 1. Es necesario que Vd. cierre la puerta 2. ... apruebe este año 3. ... me lo devuelva cuanto antes 4. ... no pierda tanto tiempo 5. ... riegue el jardín 6. ... recuerde lo que ha dicho 7. ... tuerza a la derecha 8. ... se sosiegue y descanse 9. ... acierte en esta empresa 10. ... atienda a sus invitados

3 / 1. Prefiero que vosotros elijáis el primer plato. 2. ... corrijáis los ejercicios. 3. ... recojáis vuestras cosas. 4. ... pidáis un billete. 5. ... consigáis una entrada. 6. ... os sintáis a gusto. 7. ... no difiráis vuestros proyectos. 8. ... se lo advirtáis. 9. ... no profiráis amenazas. 10. ... os divirtáis jugando con ellos.

4 /
Colonne 1 : preceda, meta, decore, reciba, respete, robe
Colonne 2 : apruebe, atienda, vuele, manifieste, devuelva, pierda
Colonne 3 a : ciña, conciba, vista, riña, mida, elija
Colonne 3b : presienta, refiera, hierva, transfiera, divierta, requiera

5 / 1. No estoy seguro de que se trate ... 2. ... renazca ... 3. ... deban constituir... 4. ... fortalezca ... 5. ... constituya ... 6. ... consideréis ... 7. ... sepa ... 8. ... encarrile ... 9. ... imponga ... 10. ... se mediaticen ...

6 / 1. quepa 2. haya 3. dé 4. diga 5. haga 6. oiga 7. ponga 8. salga 9. tenga 10. sea 11. esté 12. vaya

7 / 1. Es preciso que tú leas ... 2. ... escribas ... 3. ... compares ... 4. ... rellenes ... 5. ... pagues ... 6. ... puedas ... 7. ... pidas ... 8. ... sepas ... 9. ... te informes ... 10. ... tengas ...

36

1 / 1. contaron ; contaras ; contásemos 2. diluyeron ; diluyeras ; diluyésemos 3. cosieron ; cosieras ; cosiésemos 4. hicieron ; hicieras ; hiciésemos 5. pusieron ; pusieras ; pusiésemos 6. tuvieron ; tuvieras ; tuviésemos 7. fueron ; fueras ; fuésemos 8. cupieron ; cupieras ; cupiésemos 9. dijeron ; dijeras ; dijésemos 10. estuvieron ; estuvieras ; estuviésemos 11. redujeron ; redujeras ; redujésemos 12. pudieron ; pudieras ; pudiésemos 13. subieron ; subieras ; subiésemos 14. mintieron ; mintieras ; mintiésemos 15. supieron ; supieras ; supiésemos

2 / 1. quisiera/quisiese, tendría 2. admirara/admirase, revelaría 3. ayudaras/ayudases, podría 4. acordáramos/acordásemos, diríamos 5. interrumpiera /interrumpiese, enfadaría 6. estuviera/estuviese, vendría 7. desaparecieran/desapareciesen, sería 8. oyeran/oyesen, entristecerían 9. llevara/llevase, podría 10. sonara/sonase, levantaría

3 / 1. Era como si el petrolero no se estuviera dislocando... 2. ... no se extendiese ... 3. ... pudiera limpiar ... 4. ... creyesen ... 5. ... debieran ... 6. ... fuese ... 7. ... se tratara ... 8. ... no se previeran ... 9. ... pudiésemos esperar ... 10. ... aguantáramos ...

4 / 1. intentaban, molestase 2. era, encargaras 3. necesitaba, hiciese 4. deseaban, abriera 5. era, fabricaran 6. estaba, tuviese 7. enfadaba, pusiese 8. soñaba, resultara 9. era, estrenase 10. creía, fuese

37

1 / 1. Me parece raro que ella se haya casado con Ramiro. 2. ... que se haya acordado ... 3. ... que me haya llamado ... 4. ... que hayan descubierto ... 5. ... que haya marcado ... 6. ... que no hayas contestado ... 7. ... que el azar le haya gastado ... 8. ... que se hayan convertido ... 9. ... que hayan pulverizado ... 10. ... que hayan empleado ...

2 / 1. Quizá no se haya acordado de mí. 2. Quizá no haya podido ... 3. Quizá hayamos tenido ... 4. Quizá hayan encontrado ... 5. Quizá haya renunciado ... 6. Quizá hayamos conseguido ... 7. Quizá os hayáis puesto ... 8. Quizá hayamos vivido ... 9. Quizá hayan prometido ... 10. Quizá no hayas sugerido ...

3 / 1. Sentía que se hubiesen marchado 2. ... que todos hubieran ido ... 3. ... que me hubieran dejado ... 4. ... que aquel acontecimiento hubiese desaparecido ... 5. ... que hubiéramos salido ... 6. ... que no hubiese dado ... 7. ... que ni siquiera hubieran medido ... 8. ... que hubiéramos seguido ... 9. ... que no hubiera contado ... 10. ... que hubieras tomado...

4 / 1. hubiera venido ; hubiera podido 2. se hubiera generalizado ; hubiera afectado 3. se hubiera resuelto 4. hubiera encontrado 5. hubiéramos viajado 6. hubiera vivido ; hubiera podido 7. hubieran terminado 8. hubieras preguntado ; hubieras comprobado 9. hubieran desmentido ; hubiera pasado 10. hubiera sido ; hubiéramos estudiado

38

1 / 1. yendo ; ido 2. levantando ; levantado 3. comprendiendo ; comprendido 4. muriendo ; muerto 5. haciendo ; hecho 6. diciendo ; dicho 7. viendo ; visto 8. uniendo ; unido 9. poniendo ; puesto 10. cubriendo ; cubierto 11. rompiendo ; roto 12. satisfaciendo ; satisfecho 13. previendo ; previsto 14. huyendo ; huido 15. escribiendo ; escrito

2 / 1. teniendo 2. rogando ; dando 3. juntando 4. huyendo 5. hablando 6. llorando ; ganando 7. durmiendo 8. cayendo ; perdiendo ; aprendiendo 9. preguntando 10. viendo

3 / 1. cansado ; cumplido ; acabado 2. encendido ; batido 3. olvidado ; agradecido ; pagado 4. escarmentados ; avisados 5. hallado ; hurtado 6. derramada ; recogida 7. cogido ; creído 8. atado ; determinado 9. cansado ; enfadado 10. roto

EVALUATION 5

A. 1. PSub 2. PI 3. PI 4. PI/PS 5. PS 6. PP 7. G 8. PP 9. PS 10. II 11. PP 12. PSub 13. II 14. PSub 15. G 16. PS 17. PI 18. II 19. PSub 20. PSub 21. PS

B. 1. PA 2. PQP 3. FA 4. PC 5. FA 6. PC 7. PQP 8. PC 9. PQP 10. FA 11. PQPSub 12. Pas. Sub 13. CP 14. PQPSub 15. CP 16. PQPSub 17. Pas. Sub 18. PQPSub 19. PQPSub 20. CP

C. 1. FI 2. ISub 3. C 4. I 5. ISub 6. I 7. FI 8. C 9. ISub 10. ISub 11. I 12. FI 13. ISub 14. C 15. I 16. I 17. C 18. FI 19. C 20. FI 21. I

39

1 / 1. eran 2. estaba 3. eran 4. estaba 5. era 6. era 7. estaba 8. eran 9. estaba 10. era 11. era 12. era 13. estaba 14. era 15. eran

2 / 1. fue 2. estuvo 3. fue 4. fue 5. estuvo 6. fue 7. fue 8. fue 9. estuvo 10. fue

3 / 1. ¿Quién ha anunciado la noticia esta mañana? He sido yo. 2. ¿Quién vendrá contigo? Será él.

3. ¿Quién telefoneó ayer? Fuimos nosotros. 4. ¿Quién es el responsable de la formación? Soy yo. 5. ¿Quién asistía a la reunión? Eran ellos.

4/ 1. estaba 2. era 3. estaba 4. era 5. sido 6. estaba 7. eran 8. es 9. fue 10. estaba

5/ 1. está 2. fue 3. está 4. está 5. estaba 6. fue 7. son 8. estuvo 9. fueron 10. estoy

6/ 1. El florero fue colocado ... 2. El impuesto sobre la renta fue aumentado ... 3. Fue despedido ... 4. Fue asaltado por pensamientos tristes. 5. Le fue devuelta la pelota. 6. Fue cubierto el invernadero... 7. La calderilla fue recogida por el niño. 8. Fue desconcertado por lo que le contestaron. 9. Las flores fueron envueltas por él en un periódico. 10. Fui tranquilizado por el resultado.

7/ 1. está 2. sea 3. eres 4. estar 5. estaba 6. es 7. fue 8. era 9. fue 10. fue

8/ está; estemos; estar; es; estamos; es; es; es; estabas

9/ 1. es; es; estoy; es
2. estarán; estamos; es; fuimos; es; es; estoy
3. es; estoy; son; será; eres; somos; sido

40

1/ 1. c 2. d 3. h 4. f 5. a 6. i 7. b 8. g 9. j 10. e

2/ 1. era ... el que 2. fue ... cuando 3. fueron ... los que 4. es ... como 5. es ... donde 6. fue ... con las que 7. era ... la que 8. es ... a la que 9. fue ... a las que 10. fueron ... lo que

3/ 1. En invierno es cuando ... 2. Es este nuevo equipo de riego el que... 3. Fueron precisamente esas herramientas las que ... 4. Es bajo las macetas donde... 5. Es antes de la primavera cuando ... 6. Fue con una serie de experimentos como ... 7. Son sus propiedades nutritivas las que ... 8. Allí era donde ... 9. Por el puente de Vellida es por donde ... 10. Fue regando cuidadosamente como ...

41

1/ 1. Nunca te preocupes... 2. Nunca te entrenes... 3. Nunca corras... 4. Nunca aumentes... 5. Nunca trates... 6. Nunca consideres... 7. Nunca sigas... 8. Nunca te olvides... 9. Nunca comas... 10. Nunca te impongas...

2/ 1. No se entrena tampoco ... 2. No viene nunca al gimnasio... 3. No trae el balón ninguno de ellos... 4. No hay nada peligroso... 5. No trastorna su vida ningún problema. 6. No ha llamado nadie ... 7. No necesita ningún masaje ... 8. Este alimento no contiene ninguna proteína ... 9. No hace nunca esos ejercicios ... 10. No tenemos ninguna motivación ...

3/ 1. Ya no continúan ... 2. Ya no se debilitan ... 3. Ya no se acerca ningún frente frío ... 4. Ya no predominan ... 5. Ya no se acumulan ... 6. Ya no se forman ... 7. El cielo ya no está parcialmente nuboso ... 8. Ya no hay alternancia ... 9. Ya no suben ... 10. Ya no tenemos ...

4/ 1. Ni siquiera contesta ... 2. Ni siquiera me llama ... 3. Ni siquiera reposta ... 4. Ni siquiera paga ... 5. Ni siquiera me devuelve ... 6. Ni siquiera me manda ... 7. Ni siquiera me felicita ... 8. Ni siquiera utiliza ... 9. Ni siquiera cierra ... 10. Ni siquiera franquea ...

5/ 1. Este almacén no vende más que (sólo vende) ... 2. Los artículos no son baratos más que (sólo son baratos) en determinadas ofertas. 3. ... no se aplica más que (sólo se aplica) el precio... 4. No se pueden realizar esas ventas más que (sólo se pueden realizar) los sábados. 5. ... no faltaba más que (sólo faltaba) un paquete. 6. Los descuentos no afectan más que (sólo afectan) a esos sectores comerciales. 7. Aquella asociación no ha interpuesto más que (sólo ha interpuesto) dos querellas. 8. Lo que te digo no se funda más que (sólo se funda) en cifras anuales 9. El precio no difiere más que (sólo difiere) en un 12%. 10. No puedo comprarte más que (sólo puedo comprarte) un disco.

42

1 / 1. ¿Cuántos testimonios puedes ofrecer? 2. ¿De qué sois conscientes? 3. ¿De qué se trata? 4. ¿Cómo ha de ser vuestra postura? 5. ¿A qué le empujó su carácter? 6. ¿En qué se sintió incómodo? 7. ¿Cuál de las dos propuestas escogió? 8. ¿Dónde (En qué) se nota el desfase? 9. ¿Cuándo se obtuvo este resultado? 10. ¿Cuándo la ayudó su abuelo?

2 / 1. Me pregunto cuándo llegó a Madrid. 2. Me pregunto cómo pudo superar las dificultades. 3. Me pregunto en qué se licenció. 4. Me pregunto de qué se quejaba. 5. Me pregunto qué estudió a fondo. 6. Me pregunto con quiénes se entrevista. 7. Me pregunto cuántos proyectos van a salir adelante. 8. Me pregunto qué podemos percibir. 9. Me pregunto cuándo trabajaba. 10. Me pregunto qué buscaba en su empleo.

3 / 1. ¡Qué colores más (tan) estupendos ... ! 2. ¡Cuánto (Cómo) ha amado ... ! 3. ¡Cuánto (Cómo) odia ... ! 4. ¡Cuánta (Qué) ilusión le dio ... ! 5. ¡ Qué (Cuán) difícil fue resolver ... ! 6. ¡Qué campaña publicitaria más (tan) provocativa ... ! 7. ¡Qué trajes más (tan) extravagantes ... ! 8. ¡Qué(Cuán) interesante es ... ! 9. ¡Cómo (Cuánto) me gusta ... ! 10. ¡Qué (Cuán) holgada me parece ... !

4 / 1. ¡Lo elegantes que son ... ! 2. ¡Lo llamativos que resultan ... ! 3. ¡Lo cálidas y agradables que son ... ! 4. ¡Lo estrecho que es ... ! 5. ¡Lo aburrido que me parece ... ! 6. ¡Lo guapo que estás ... ! 7. ¡Lo chillones que son ... ! 8. ¡Lo ordinario que era ... ! 9. ¡Lo ceñido que era ... ! 10. ¡Lo rebuscadas que son ... !

43

1 / 1. ¡Ojalá localicen y clasifiquen ... ! 2. ¡Ojalá se consiga señalar ... ! 3. ¡Ojalá demuestren ... ! 4. ¡Ojalá no actúen ... ! 5. ¡Ojalá se organicen ... ! 6. ¡Ojalá se unan ... ! 7. ¡Ojalá no se resistan ... ! 8. ¡Ojalá vayan ... ! 9. ¡Ojalá empiecen ... ! 10. ¡Ojalá nos devuelvan ... !

2 / 1. ¡Ojalá localizaran y clasificaran...! 2. ¡Ojalá se consiguiera señalar...! 3. ¡Ojalá demostraran...! 4. ¡Ojalá no actuaran...! 5. ¡Ojalá se organizaran...! 6. ¡Ojalá se unieran...! 7. ¡Ojalá no se resistieran...! 8. ¡Ojalá fueran ...! 9. ¡Ojalá empezaran...! 10. ¡Ojalá nos devolvieran...!

3 / 1. ¡Ojalá hubieran impedido ... ! 2. ¡Ojalá no hubieran abandonado ... ! 3. ¡Ojalá hubieran aprobado ... ! 4. ¡Ojalá se hubieran reunido ... ! 5. ¡Ojalá hubieran visitado ... ! 6. ¡Ojalá hubieran preparado 7. ¡Ojalá no hubieran escurrido ... ! 8. ¡Ojalá hubieran advertido ... ! 9. ¡Ojalá hubieran optado ... ! 10. ¡Ojalá hubieran especificado ... !

44

1 / 1. Il faut agir avec soin pour restaurer ce palais. 2. Je dois visiter l'anneau olympique de Barcelone. 3. Dans l'AVE, les voyageurs doivent réserver leur place. 4. Insinues-tu que nous devons lui mentir? 5. Il vous faudra un visa pour chaque pays. 6. Le secteur sidérurgique doit se reconvertir. 7. Il fallut appeler les pompiers. 8. Il ne faut pas laisser d'animaux dans une voiture fermée. 9. Il ne faut pas utiliser de bombe aérosol près d'une flamme. 10. Il devrait être en prison.

2 / 1. Tengo que afeitarme ... 2. Tuve que esperar ... 3. Tuvieron que jugar ... 4. Tendremos que establecer ... 5. Tendrán que presentar ... 6. Tuvo que revelar ... 7. Tendrá que darle ... 8. Tiene que conceder ... 9. Tuvisteis que suscribir ... 10. Tuvo que coger ... y buscar

3 / 1. Es preciso que me afeite ... 2. Fue preciso que esperase ... 3. Fue preciso que jugaran ... 4. Será preciso que establezcamos ... 5. Será preciso que presenten ... 6. Fue preciso que revelara ... 7. Será preciso que le dé ... 8. Es preciso que conceda ... 9. Fue preciso que suscribierais ... 10. Fue preciso que cogiera y buscara

4 / 1. c 2. d 3. b 4. f 5. g 6. e 7. a 8. h

5 / 1. Debemos proteger las especies amenazadas. 2. No hay que romper la cadena del frío. 3. Tenemos que mejorar la prevención. 4. Tendrás que ventilar la casa. 5. Con este calor hay que regar cada tarde. 6. ¿He de correr con los gastos ? 7. No debes quedarte tanto tiempo al sol. 8. Tenemos que aplazar el pago. 9. El gobierno tendrá que mediar con prudencia. 10. Vd. tiene que cambiar la pila de su reloj.

45

1 / 1. Debe de ... 2. ... tal vez 3. Tal vez... 4. A lo mejor... 5. Debe de ... 6. A lo mejor... 7. Tal vez ... 8. Debe de ... 9. Tal vez...10. Tal vez ...

2 / 1. prefiera 2. genere 3. está 4. sea 5. van 6. está 7. asumas 8. intentarán 9. coincidamos 10. aprovechen

3 / 1. Estará contento. 2. Lo olvidaría ... 3. Sucedería ... 4. Habrá cumplido ... 5. Habría acudido ... 6. Se enamorarían ... 7. Mostrarían ... 8. Existirán razones ... 9. Concurrirían circunstancias ... 10. Sería un poco más difícil.

4 / 1. Debe de estar cortada el agua. 2. Esto debe de constituir ... 3. Debían de proseguirse ... 4. Debe de ser el tiempo ... 5. Deben de seguir produciéndose ... 6. Debió de oír esto ... 7. Deben de llamar la atención . ... 8. Ella debió de identificarse ... 9. Debió de interpretar ... 10. Debe de costarle llegar ...

46

1 / 1. Les aconsejamos que coman ... 2. Les aconsejamos que compren ... 3. Les aconsejamos que no se dejen engañar ... 4. Les aconsejamos que lean ... 5. Les aconsejamos que no se fíen ... 6. Les aconsejamos que no caigan ... 7. Les aconsejamos que comprueben si ... 8. Les aconsejamos que evalúen ... 9. Les aconsejamos que pregunten en qué ... 10. Les aconsejamos que se anden con cuidado ...

2 / 1. El médico le aconseja que haga un viaje. 2. Su mujer le pide que no sea tan sensible ... 3. Le rogué que pensara ... 4. Todos le suplicábamos que riese ... 5. Yo le prohíbo verlo (que lo vea) ... 6. Le aconsejo que solicite ... 7. El médico le mandó alimentarse (que se alimentara) ... 8. Le aconsejó que saliera y viera ... 9. Le ordenó irse (que se fuera) ... 10. Sus hijos le suplicaban que tomase ...

47

1 / 1. Se hizo ... 2. Se volvió ... 3. Se volvieron ... 4. Se ha vuelto ... 5. Se pone/Se vuelve ... 6. Se volvió/ Se hizo... 7. Se vuelve... 8. Nos pusimos... 9. Se ha vuelto... 10. Se harán/Se volverán...

2 / 1. hicieron 2. puso 3. hacía 4. puso 5. hace 6. hacen/vuelven 7. vuelve/hace 8. ponía

9. hace/vuelve 10. vuelve

48

1/ 1. vas a caerte 2. va a levantarse 3. vamos a mudarnos 4. iba a casarse 5. iba a abandonar 6. iba a responderme 7. voy a tocar 8. iba a saludarme 9. va a enseñarme 10. voy a resolver

2/ 1. Ella acaba de llegar ... 2. Acabo de descolgar ... 3. Acaba de decirme ... 4. Acabo de enterarme ... 5. Acabas de dejar ... 6. Acabo de pensar ... 7. Acaban de criticar ... 8. Acaba de afirmar ... 9. Acaban de atender ... 10. Acaban de despedirse ...

3/ 1. Empezó por hartarse ... 2. Empezó por no creerlo. 3. Empezaron por reglamentar ... 4. Empezaron por comprar ... 5. Empezaron por no instalar ... 6. Empiezan por librarse ... 7. Empiezan por evitar ... 8. Empezó por salirles ... 9. Empezó por aumentar ... 10. Han empezado por ser ...

4/ 1. Acabó por hartarse/hartándose 2. Acabó por no creerlo 3. Acabaron por reglamentar/reglamentando 4. Acabaron por comprar/comprando 5. Acabaron por no instalar 6. Acaban por librarse/librándose 7. Acaban por evitar/evitando 8. Acabó por salirles/saliéndoles 9. Acabó por aumentar/aumentando 10. Han acabado por ser/siendo

5/ 1. ... la aplazan de nuevo/otra vez 2. ... sale de nuevo/otra vez 3. ... la solicita de nuevo/otra vez 4. ... lo deniegan de nuevo/otra vez 5. ... las aplican de nuevo/otra vez 6. ... lo presentan de nuevo/otra vez 7. ... los simplifican de nuevo/otra vez 8. ... las realizan de nuevo/otra vez 9. ... lo afirma de nuevo/otra vez 10. ... lo utiliza de nuevo/otra vez

6/ 1. Vuelve a llevar ... 2. Vuelve a elevar ... 3. Vuelve a inclinar ... 4. Vuelve a mantener ... 5. Vuelve a oprimir ... 6. Vuelve a contraer ... 7. Vuelve a tumbarte ... 8. Vuelve a recostarte ... 9. Vuelve a espirar ... 10. ... vuelve a subir ...

7/ 1. ... por poco la alquilo 2. ... por poco se cae 3. ... por poco rompes 4. ... por poco contaminan 5. ... por poco se producen 6. ... por poco desaparece 7. ... por poco enganchan 8. ... por poco me compro 9. ... por poco le seguimos 10. ... por poco se vende

8/ 1. Se le suele considerar... 2. Suele pintar... 3. Suele escandalizarse... 4. Suele levantarse temprano y sentarse... 5. Solía pensar... 6. Solía quejarse... 7. No solía hacer... 8. Suele bañarse... 9. Suele estar trabajando... 10. Suele reflexionar...

49

1/ 1. a mí me gusta 2. a mí me gustaban 3. nos gustaron 4. nos gustó 5. me gustó 6. les gustó 7. os gusta 8. le gusta 9. les gustaría 10. me gustó

2/ 1. me apetecía 2. te dolían 3. me apetece 4. me consta 5. me avergonzó 6. me consta 7. se les ocurrió 8. se me ocurrió 9. le dolía 10. se nos ocurrió

50

1/ 1. Han acordado 2. Está sometida 3. Estaba desilusionado 4. Habían previsto 5. He clasificado 6. Están recopilados 7. Estaba rendido 8. Fue difícil 9. Fue ineficaz 10. Había ahorrado

2/ 1. Las tienen preparadas. 2. Quedaron conformes... 3. Quedó alicaído... 4. Llevo (Tengo) repasada... 5. Resultó valiosa... 6. Quedaron satisfechos... 7. Tengo (Llevo) hecha... 8. Resulta imprescindible... 9. Resultaba evidente... 10. Andaban alborotados...

3 / 1. Quedan convencidos ...
2. Quedó suspendido el rodaje...
3. Quedaron abandonadas sus residencias... 4. Quedan destruidos varios decorados ...
5. Quedan preparadas las nuevas instalaciones... 6. Quedan avisados los técnicos ... 7. Queda aplazado el estreno ... 8. Quedó anulado el cóctel... 9. Quedaron convocados los actores ...
10. Quedó incorporada aquella secuencia...

EVALUATION 6

1. b 2. a 3. c 4. c 5. b 6. a 7. b 8. c 9. c 10. c 11. a 12. c 13. b 14. c 15. b 16. c 17. b 18. c 19. a 20. c 21. b 22. a 23. c 24. c 25. b 26. c 27. c 28. c 29. b 30. a

51

1 / 1. canalice 2. se valore 3. ponga 4. trabajen ... prefieran 5. pueda 6. facilite 7. se mantengan 8. se cree 9. se abra 10. tenga

2 / 1. Hacía falta que un animador cultural canalizara las actividades artísticas. 2. Pretendíamos que se valorara la solidaridad. 3. Sería muy interesante que él pusiera en marcha actividades de tiempo libre.
4. Lo haría para que ellos trabajasen en equipo y prefiriesen el diálogo al enfrentamiento. 5. Era preocupante que él no pudiera ocuparse lo bastante de la tercera edad. 6. Me había gustado que todo eso facilitara la reflexión sobre los problemas sociales.
7. Hacíamos cuanto podíamos para que se mantuvieran esas asociaciones juveniles. 8. Mi objetivo sería que se creara una conciencia de grupo. 9. Había sido positivo que se abriera un taller de fotografía en el Centro.10. Era bueno que un animador tuviera también una función docente.

3 / 1. se fuera 2. volviera 3. estuviese 4. pusiéramos 5. empezara 6. bajase 7. comprasen 8. siguieran 9. supieran 10. se levantase

4 / 1. No le agrada a su padre que se vaya en esta expedición peligrosa. 2. Él teme que ninguno de ellos vuelva. 3. Los ayudarán para que todo esté listo a tiempo.
4. Exigen que nosotros pongamos a un profesional para maniobrar el barco. 5. Ya se acumulan los problemas antes de que empiece el viaje. 6. Le dicen que baje a tierra para no seguir mareándose.
7. Les encargan que nos compren nuevas velas. 8. No es bueno que sigan riñendo ahora. 9. Nos parece indispensable que sepan navegar.
10. Hará falta que se levante el viento.

5 / 1. d 2. c 3. e 4. b 5. f 6. a 7. h 8. j 9. g 10. i

6 / es; se decidan; se les amenace o prometa; alcanza; llegan; es; se conseguirá; se pretende; produzcan; entreguen; se hace preciso

7 / pidió; interpusiera; obtuvieran; tenían; hice; vino; dije; había bastado; abrieran; escuchara

8 / hacía falta; era; reparase; era; salieran; bastaba; fueran

52

1 / 1. Explica que en su familia no eran pobres, pero tampoco ricos.
2. Recuerda que su padre trabajaba en una notaría.
3. Confiesa que siempre le ha costado un gran esfuerzo lograr lo que quiere. 4. Promete que en eso será muy lúcido. 5. Añade que se siente a gusto con sus cuadros.
6. Dice que está orgulloso de no parecerse a nadie. 7. Afirma que intenta que las críticas no le afecten. 8. Asegura que no se arrepiente de ningún cuadro.
9. Revela que se quedó con gran parte de la obra que produjo.
10. Anuncia que guardará muchos cuadros.

2 / 1. Afirmó que el mercado todo lo convertía en mercancía.
2. Afirmó que tenía miedo a que un día se le agotara la inspiración.
3. Afirmó que no sabía lo que hacía con el dinero que ganaba.
4. Afirmó que no le gustaba que fuera así. 5. Afirmó que pensaba que alguien estaba en la misma sintonía que él, y que eso era estupendo. 6. Afirmó que cuando volvió de Asia, se dio cuenta de que había cambiado. 7. Afirmó que cuando iba a su estudio no pensaba más que en el trabajo.
8. Afirmó que se daba cuenta de que cuando creía equivocarse estaba acertando. 9. Afirmó que no sabía si lograría acabar el proyecto. 10. Afirmó que le encantaba que le hubieran encargado aquel cuadro.

3 / 1. Dijo que eso sólo les ocurría a los tontos; y que, por lo que él había visto, a los que más hablaban de dignidad y de honradez y de ideales… que no sabía cómo se contradecían de ese modo, que lo que pasaba era que ni sus protestas valían, que les dejaban charlatanear y les despreciaban.
2. Dijo que él no tenía telefonofobia ni telefonofilia, que era partidario del trabajo en paz, que el tiempo era el único bien del que disponía, que le irritaba que le interrumpieran en medio de una tarea, que el teléfono era una ventana abierta por la que podía entrar a cualquier hora un inoportuno visitante o un ladrón de momentos.
3. Dijo que creía que estaba todavía pensando en una chica joven que había visto hacía días en el tren de Londres y a la que el día antes había vuelto a ver en Broad Street. Pero que como no sabía quién era y podía ser que no la viera más, creía que hubiera podido empezar a pensar también en su amiga Clare.

53

1 / 1. más … que 2. tan … como 3. más … que 4. menos … que 5. tan … como 6. más … que 7. menos … que 8. tan … como 9. más … que 10. más … que

2 / 1. más que 2. más de lo que 3. más … que 4. más … que 5. menos … de lo que 6. más … que 7. más … que 8. más … de lo que 9. más … que 10. menos … que

3 / 1. Cuanto más sople… más se oscurecerá… 2. Cuanto más progresan … más duras se vuelven… 3. Cuanto más estudiaban … más seguro les parecía… 4. Cuanto más se integraban … más aprendían …
5. Cuanto más dure … más penoso les resultará … 6. Cuantas más cuentas echaban, más convencidos estaban 7. Cuantas más cosas abandonen, más fácil resultará… 8. Cuanto más se acercaban … más se les ocurría…
9. Cuanto más subía … más impredecible se volvía …
10. Cuantos más riesgos tomaban, más tiempo ganaban …

4 / 1. Era tanto más justificada su demanda cuanto que habían registrado… 2. Era tanto más intolerable cuanto que se podían confundir… 3. El perjuicio fue tanto más grave cuanto que el conflicto duró … 4. Las pérdidas fueron tanto más importantes cuanto que no podían seguir…

54

1 / 1. Le ruego que no interprete… 2. Te dije que no me pasaba nada… 3. Te deseo que todo vaya bien… 4. Nos suplica que no se nos ocurra … 5. Comprendí que no solía … 6. La verdad es que se lo conté… 7. Me contento con que Pablo haya respondido. 8. Observé que no quería… 9. Adiviné que ella no sabía … 10. Me temo que haya perdido . …

2 / 1. I : va/irá 2. S : vengas 3. I : hacía 4. S : hablara 5. S : olvide 6. S : volviera 7. I : estáis

8. I : era 9. I : era 10. I : vivía 11. I : obedecía 12. I : es 13. S : metiéramos 14. S : conteste

55

1 / 1. que 2. a quienes 3. cuya 4. a quien 5. del que 6. que 7. cuyo 8. quien 9. del que (/de quien) 10. cuyo

2 / 1. quien (el que) 2. que 3. que (quien) 4. que 5. quien (el que) 6. que (quien) 7. que 8. el que (quien) 9. quien (el que) 10. que (quien)

3 / 1. que 2. del que (de quien) 3. a quien (a la que) 4. que 5. que 6. quien (el que) 7. a quienes (a los que) 8. a quien (al que) 9. la que 10. a la que

4 / 1. cuya 2. cuya 3. cuya 4. cuya 5. cuyo 6. cuya 7. cuyo 8. cuyos 9. cuya 10. cuya

5 / 1. Es una colección cuyo estilo ha cambiado. 2. Háblame de aquel pintor holandés cuya obra está en el Prado. 3. Aquello de que se trata es de la organización de la exposición. 4. La experiencia cuyas etapas habíamos previsto se acabó con éxito. 5. No te pierdas ese reportaje del que han hablado. 6. Es una comedia cuyo primer acto tiene lugar en Toledo. 7. El edificio cuya fachada han restaurado es de 1780. 8. Este tratado del que esperamos mucho está firmado. 9. Hemos obtenido un resultado cuyas consecuencias son incalculables. 10. Es una película de la que no me acuerdo.

56

1 / 1. quieran 2. te fuiste 3. deseen 4. se acabaron 5. nos instalemos 6. se jubilen 7. adquirieron 8. buscábamos 9. nos mudemos 10. vengan

2 / 1. En cuanto (luego que) entres, notarás el cambio en el salón. 2. En cuanto (luego que) pensé … 3. En cuanto (luego que) abras … 4. En cuanto (luego que) llamaste … 5. En cuanto (luego que) necesites… 6. En cuanto (luego que) empiecen … 7. En cuanto (luego que) me lo dijiste … 8. En cuanto (luego que) vio … 9. En cuanto (luego que) vea … 10. En cuanto (luego que) tenga…

3 / 1. No se hará nada mientras no exista … 2. No se hará nada mientras sólo se pongan … 3. No se hará nada mientras se subordine … 4. No se hará nada mientras algunos no crean … 5. No se hará nada mientras no haya … 6. No se hará nada mientras no pueda uno … 7. No se hará nada mientras uno no vea … 8. No se hará nada mientras no tenga uno … 9. No se hará nada mientras siga habiendo … 10. No se hará nada mientras no esté operacional …

4 / 1. hasta que 2. conforme 3. apenas 4. hasta que 5. conforme 6. hasta que 7. hasta que 8. apenas 9. conforme 10. apenas

57

1 / 1. Aunque ha sido… 2. Aunque … querían… 3. Aunque sufrió… 4. Aunque dijeron… 5. Aunque era… 6. Aunque … parecía… 7. Aunque … aconsejó… 8. Aunque … olvidó… 9. Aunque tenía… 10. Aunque … gustaba…

2 / 1. Aunque gane … 2. Aunque … acapare … 3. Aunque … haya firmado … 4. Aunque tenga que … 5. Aunque … pidiera … 6. Aunque … entendiera … 7. Aunque siga … 8. Aunque toree … 9. Aunque … propusieran … 10. Aunque … asalten …

3 / 1. Aunque hubiera firmado … 2. Aunque … hubiera tocado … 3. Aunque … se hubiera lucido … 4. Aunque … hubiera apartado … 5. Aunque … hubiera comprado … 6. Aunque … hubiera cortado … 7. Aunque hubiera sido … 8. Aunque se hubiera tratado …

4 / 1. hubo 2. prepararse 3. empezaron 4. hubiera sido 5. ser 6. hubieran tenido 7. habían invertido 8. averiguar 9. hubiera dicho 10. estaba decepcionado

5 / 1. por más que / por mucho que 2. por muy ... que 3. por más que / por mucho que 4. por mucho que / por más que 5. por más ... que / por muchos ... que 6. por más ... que / por muchos ... que 7. por mucho que / por más que 8. por muy ... que 9. por muy ... que 10. por mucha ... que / por más ... que

58

1 / 1. se desarrolla 2. pueden 3. siguen 4. se fijaran 5. criasen 6. escuchasen 7. hubieran progresado 8. garantizaran 9. hubieran practicado 10. podíamos

2/ 1. De construirse el embalse, ... 2. De realizarse un informe ... 3. De no regularse esas actividades ... 4. De recurrir a la nieve artificial ... 5. De determinar todos los sectores ... 6. De no limitar la explotación forestal ... 7. De revisar la ordenación urbanística ... 8. De no respetar la sentencia ... 9. De organizar la recuperación, ... 10. De reciclarse el papel ...

3 / 1. se concluyera 2. aceptaran 3. diera 4. pudiesen 5. vivieran

4 / 1. Como no nos escuchen, ya verán lo que ocurre. 2. Como continúe ascendiendo... 3. Como no tenga ... 4. Como no ponga ... 5. Como no agraden ... 6. Como no quede ... 7. Como tengas ... 8. Como dispongas ... 9. Como prescindas ... 10. Como me dedique ...

5 / 1. Con tal que haga reír... 2. Con tal que pudiera demostrar ... 3. Con tal que Vd. disponga ... 4. Con tal que se me señale ... 5. Con tal que lo permitiera el tiempo ... 6. Con tal que pueda encontrar ... 7. Con tal que calculemos ... 8. Con tal que porteemos ... 9. Con tal que se arreglaran ... 10. Con tal que se dieran cuenta ...

59

1 / 1. Es preciso presentar el carné de Familia Numerosa para que obtengas una reducción.
2. ... para que éste vaya ...
3. ... para que tu perro viaje...
4. ... para que su coche sea ...
5. ... para que el viaje te resulte ...
6. ... para que un coche de alquiler le espere ... 7. ... para que lo puedas cambiar. 8. ... para que les informemos. 9. ... para que no te estorbe. 10. ... para que el viaje no sea ...

2 / 1. Organisez à temps votre voyage, parce qu'il n'est pas agréable de prendre le train les jours de pointe. 2. Il est facile d'étudier les tarifs, puisqu'ils sont à votre disposition dans n'importe quelle agence de voyage. 3. Etant donné que les ordinateurs attribuent les meilleures places aux premiers, dépêchez-vous. 4. A force d'attendre il ne restera plus une seule place quand tu te décideras. 5. Il n'est pas nécessaire de faire la queue au guichet parce que tu peux consulter le tableau des départs. 6. Puisque vous devez arriver à six heures du matin, demandez au contrôleur de vous réveiller. 7. Ne mettez pas votre valise dans le couloir parce qu'elle gêne les voyageurs. 8. A force de chercher dans son sac il(elle) trouva son billet. 9. Puique vous préférez voyager de nuit, réservez une couchette. 10. Ne traverse jamais les voies, car c'est très dangereux.

3 / 1. ... tanta fama ... que ... 2. ... de tal modo que ... 3. ... tan solitario que ... 4. ... tanto que ... 5. ... de tal modo que ... 6. ... de tal modo que ... 7. ... tan buena que ... 8. ... tan amplio que ... 9. ... de tal modo que ... 10. ... de tal modo que ...

60

1 / 1. El que compres de antemano te ahorrará muchos disgustos. 2. El que planees ... 3. El que se congelen ... 4. El que se terminen ... 5. El que metas ... 6. El que tengas ... 7. El que no se estropeen ... 8. El que no te olvides ... 9. El que sigas ... 10. El que acojas ... y puedas ...

2 / 1. El comprar de antemano ... 2. El planear los menús ... 3. El congelarse fácilmente los asados ... 4. El terminarse de asar después de descongelados ... 5. El meter las empanadas en el horno ... 6. El tener papel de aluminio... 7. El no estropearse esos dulces... 8. El no olvidarte de etiquetar... 9. El seguir las instrucciones al usar ... 10. El acoger a tus invitados y poder quedarte con ellos...

61

1 / 1. Cerrado el paquete, ... 2. Comprado el abeto, ... 3. Preparadas las guirnaldas, ... 4. Envueltos los regalos, ... 5. Afinados sus instrumentos, ... 6. Alineados los cubiertos y colocadas las copas, ... 7. Levantada la mesa, ... 8. Servidos los aperitivos, ... 9. Abierto el paquete de turrón, ... 10. Acostados los niños, ...

2 / 1. Trabajando yo los domingos, ... 2. No sirviendo para nada el domingo, ... 3. Preparando yo la cena hoy, ... 4. Reuniéndonos todos a las 12, ... 5. Siendo pesada la primera parte del día, ... 6. Sabiendo tú lo que pasa cada domingo, ... 7. Estando abiertos los comercios, ... 8. Autorizando la ley esta abertura, ... 9. Abriendo aquel almacén los domingos, ... 10. Habiendo tanta gente en las tiendas el sábado, ...

EVALUATION 7

1. c 2. a 3. b 4. a 5. a 6. b 7. b 8. a 9. b 10. c 11. a 12. c 13. c 14. a 15. a 16. b 17. a 18. c 19. a 20. c 21. a 22. b 23. b 24. b 25. a 26. b 27. a 28. c 29. a 30. c

Maquette intérieure : **G. Brevière**
Mise en pages : **N. Grimaud**

Imprimé en France, par l'imprimerie Hérissey - 27000 Évreux (Eure)
Dépôt légal : 37820 - mars 2006 - N° d'impression : 101402